东永安村

山东村落田野研究丛书

张士闪 李 松 总主编

李海云 著

山东大学出版社

《山东村落田野研究丛书》
编委会

总序

编纂一套山东村落田野调查方面的丛书，立意甚早。20多年来，以山东大学为核心的山东民俗学团队，每年都会安排多次村落田野调查活动，许多博士、硕士学位论文也以村落为田野点，注重对田野材料的挖掘与分析，紧贴乡土作实证研究，迄今竟有百村之数。学术论文的阅读群终归有限，将这些辛苦得来的第一手田野资料，以写实的手法呈现出一个个真实的村落世界，向社会提供一份可信的国情资料，一直是我们共同的心愿。

2016年夏，山东大学民俗学研究所与山东大学出版社共同策划、申报"山东村落田野研究"选题，并于2017年春被列入国家出版基金规划资助项目，夙愿终偿。我们从以山东村落为田野点的博士、硕士学位论文中遴选出20种，邀约作者遵循"深描村落生活，凸显村民主体，梳理乡土文脉，展现国情底色"的原则，进行改写或重写。为使这一原则不致落空，我们课题组密集举办三次小型研讨活动，达成如下共识：

首先，小中见大，述而见议。这套丛书所选村落虽然都在山东，但学术视野并不自我设限，讲究以小见大，寓学理于讲述之中，助推对于中国社会的深入理解。这需要作者秉持综合、开阔的学术眼光，既关注村落的历史脉络，涵括其驳杂的历史动态，又聚焦当今村民主体话语，反映村落的社会现实和未来走向。

其次，关注传承，着眼动态。在乡土社会发生剧变的当下，我们理应重新观察和思考作为人类最基本的生活共同体的村落，关注其自治传统的传承及组织机制，得出符合其自身历史实际和内在逻辑的阐释。村落描述，不应该成为乡村琐事的拼盘，也不是对于一个个村落凝固幻象的编织，甚至也

不应满足于立此存照式的一幅幅风俗画。我们深信，就在众多村落所呈现的异同之间，蕴含着中国基层社会的真正奥秘。

再次，村民本位，日常视角。坚持村落民俗志描述中的村民本位，摆脱那种将文人的文字传统视为“唯一性知识”的旧习，将村民日常使用更广泛的口述、物象、仪式等知识形式，放在至少是与文字同等的位置。我们深知，白纸黑字所代表的文字表达传统，仅仅是占社会总体人数很少的文人阶层所推重的一种特殊知识形式，而远非人类知识之全部。在乡村社会中尤其如此。将村落的历史、当下与未来贯穿起来的村民，在“过日子”中凝结而成的丰富知识形式，理应在村落民俗志中显现光彩。我们期望这套丛书出版后，不仅供学者研究、都市人阅读，还有村民愿看，甚至成为村落典藏。让乡土知识真正实现“从民众中来，到民众中去”，是我们最大的心愿。

新世纪以来，随着以全球化、都市化为特征的现代生活的迅速普及，乡土民俗的连续性、系统性、整体性已严重受损，曾作为中国社会主体的乡土村落正经历巨变。但无论如何，村落依然是中国传统文化的重要承载地，农民是绝不可轻忽的文化传承主体。当代学者的一项重要使命就是关注村落，将村落中的人、事、文化传统与生活现状等视为一个整体，通过深描村落社会运行的逻辑，阐释村民的生活世界及其赋予生活的意义之所在，并在此基础上对其组织形态、机制及变迁予以描述与推导，这对于理解中国乡村文化传承乃至整个中国社会大有裨益。我们深知：梳理中国村落的历史来路，叩问其从何而来；展示由形形色色民俗事象所构成的村落人文世界，理解现状与内在脉络；观察村落在现代化进程中的遭遇与新创，关注其向何处去——这应该成为村落研究介入当代中国社会发展、彰显乡村文化茁壮活力的基本向度。

一、中国村落研究传统

生于乡土，终老乡土，曾在漫长岁月中被绝大多数国民视若天经地义，这一社会事实本身即足以显示村落的意义。我们相信，“在村落中研究”（格尔兹语）的学术实践，在当今“世界史”“全球史”风起云涌之际，不仅没有过时，而且不可或缺。毕竟，无论是重述“亚洲”，还是重述“世界”，我们仍要以乡土中国为立足点。

传统意义上的村落，自有其历史渊源与发育过程。村落社会的组织与运行，离不开稳定的民俗传统的传承。民俗传统既具有群体规约性质，又能为民众提供身份认同与人生意义，因而蕴含生机，常在常新。村落之为“问题”，乃是19世纪末20世纪初，一批知识分子基于晚清社会之变局“眼光向下”的产物：一方面，受西方入侵影响，新的生产方式与经济结构已日益内嵌于中国基层社会，传统时代城乡互动的社会运行模式被打破，作为中国乡土社会基本单元的村落日渐萎缩，成为当时中国社会整体发展失衡状况的表征之一；另一方面，以“西学东渐”为背景而形成的革命性、现代性强势话语，逐渐渗入乡土社会，持续改写着村落发展的内在逻辑，造成了民间自治传统的失衡或断裂。[①] 以此为背景，乡土社会成为当时知识精英普遍关注与“拯救”的对象，村落则成为中国现代学术研究的重要单元。

诚然，学术活动不能没有研究单元的设计。20世纪上半叶，以费孝通、林耀华等为代表的中国学者，就注意选择村落或村寨为研究单元，并在其学术生涯中长期坚持，认为村落既是便利研究者做全面了解的较小的社会单位，又是反映人们社会生活的比较完整的切片。[②] 其中奥秘，恰如英国人类学家布朗所强调的，对于一个村庄进行细致入微的研究的意义在于——既要看到村落社区生活的某一个方面在整体的社会生活中的功能，也要看到这个村落本身的组成结构。[③] 钟敬文在1983年中国民俗学会成立的讲话中，将“搞民俗学当然着重在广大农村”当作不言而喻的前提[④]，后又在不同场合多次表述，获得了国内民俗学界的广泛响应，乃至成为经典范式。20世纪90年代初，刘铁梁从民俗传承生活空间的角度，论述了村落作为基本研究

① 参见张士闪：《“顺水推舟”：当代中国新型城镇化建设不应忘却乡土本位》，载《民俗研究》2014年第1期。

② 参见费孝通：《江村经济——中国农民的生活》，商务印书馆2001年版，第24页。

③ 转引自赵旭东：《权力与公正——乡土社会的纠纷解决与权威多元》，天津古籍出版社2003年版，第10页。

④ 参见钟敬文：《民俗学的历史问题和今后的工作》，载《钟敬文自选集》，首都师范大学出版社2008年版，第409页。

单位的意义，明确了村落研究在民俗学学科中的理论地位。[①] 时至今日，以村落为单元进行研究的学者仍为数众多，跨越民俗学、人类学、社会学、历史学、民族学、艺术学等学科。诚然，在国土广袤的中国，无论从事怎样的课题研究，从相对自成体系而又较小的村落生活共同体入手，自有其合理性，而且有望产生深厚的学术理论意义。更何况，村落研究还被赋予认知历史、立足当下、面向未来的重要使命。村落形态尽管一直处于或微或巨的变化之中，但它所塑造的文化模式与传统，在可预见的未来中国仍具重要价值，乃是不争的事实。

但与此同时，对于以村落为研究单元的批评一直不绝于耳。美国学者施坚雅的批评可谓尖锐："研究中国社会的人类学著作，由于几乎把注意力完全集中于村庄，除了很少的例外，都歪曲了农村社会结构的实际。如果可以说农民是生活在一个自给自足的社会中，那么这个社会不是村庄而是基层市场社区。"[②]在施坚雅的"市场圈"理论之后，又陆续出现了祭祀圈、婚姻圈、联村组织等研究范式，对村落研究模式予以拓展，努力将村落单元置于更大范围的区域社会脉络中予以理解。毕竟，村落社会并非村民的简单集合，村民生活也并非只与村落有关。自古及今，村民与村外世界联系的普遍性是无可置疑的。[③]

围绕村落作为研究单元的种种争论，有相当多的误解在内。比如：对于村落生活共同体的基本理解，是被动、静态，还是动态、开放？争论双方其实是基于不同的预设。村落研究，如果将村落理解为动态、开放的社区，就应该成为从村落出发的研究，以小见大地拓展个案研究的价值，而那种从较大区域展开的研究，如果将村落理解为被动、静态的社区，也不见得就一定贴

① 参见刘铁梁：《村落——民俗传承的生活空间》，载《北京师范大学学报（社会科学版）》1996年第6期。最近，他对此作了更明确的表述："村落被民俗学者视为田野调查的最佳场域，也是最基本的空间单位……民俗学把村落作为一个整体的小社会进行观察和分析。在村落中观察到的民俗文化事象，具有时空的限制意义。"（刘铁梁：《"深描"中国村落文化变迁》，载2017年7月10日《中国社会科学报》）

② ［美］施坚雅（G. William Skinner）：《中国农村的市场和社会结构》，史建云、徐秀丽译，中国社会科学出版社1998年版，第40页。

③ 即使在前现代化时期，村落本身也不可能像老子所说的"鸡犬之声相闻，民至老死不相往来"，如多村共用一庙、信仰仪式的村落轮值等。当代学界热衷于以"古村落""传统村落"等为研究对象，频繁使用"原生态""原汁原味""本真性"等概念，其实都是以将封闭自足视作村落的"典型"状态为预设的。

近了“农村社会结构的实际”。其中的关键，是对于乡村社区与村民主体之间互动关系的理解，而不在于所选择的研究单元的大与小。即便是规模不大的村落，毕竟也是民众多种力量共存的、活态的生活共同体。其实，在中国乡土社会研究中，真正让人遗憾的是对于村民主体性的轻忽或漠视，这是在上述研究模式中一直未能得到根本改变的死角。

二、村落研究，应聚焦民众主体

绝大多数的村落研究，往往将民众的文化笼统地归于“民俗”，似乎民众的文化生命是以“民俗传承”来丈量或维系的。厘清民众与民俗的关系，将有助于拨开笼罩在村落研究中的多重迷雾。民俗，究竟是民众自发的文化创造，还是基于“一二人倡之，千百人和之”的精英引领，抑或不过是国家大一统进程中“礼化为俗”的结果？细究之，上述三种观点虽都不免以偏概全，却也都道出了民俗的某一要义。若将三者统观，庶有助于对“民俗”乃至村落的理解。

首先，民俗的本质是民众主体的文化创造，自无可置疑。民俗传统，即民众在长期生活实践中，以约定俗成的方式促使某种价值规范发生从世俗到超验的升华过程。值得注意的是，这一升华过程绝不是一朝一夕所能成就，也并非一成不变，而是在民众生活共同体内部始终蕴含着多变的可能，呈现出活态性质。同时，再有力的国家行政运作，也无法随意篡改民俗传统或改变村落社会的民众主体性质。近年来对于当代村落的近距离观察，使我们更加确信：在当下新型城镇化的浪潮中，民俗传统不仅没有遁隐，而且变得更富弹性与多元。时至今日，某些村落的发展轨迹时显诡异，其“突然终结”与“奇迹再生”之现象让人大感迷惑。究其实，民众力量在社会剧变中的屈抑与释放当是理解这一现象的重要维度。

其次，自古以来，民俗的形成与发展均离不开知识精英的引领作用。我们在田野作业中发现，很多民俗传统一开始是作为事件应激之文化反应而出现的，如村落形成之初的生存所需、灾乱年头的秩序维持、太平时期的发展机遇捕捉等。这种因应激而形成的文化反应，不会随着事件的完结而迅即消失，而是沉淀、扩散到地方生活中，形成社会经验，此后又会在后发的事

件应激中被运用，最终磨合成一种社会行为模式。在应激事件、应激性文化反应与社会行为模式的互动过程中，离不开少数文化精英的有意识运作，并最终使之沉淀为乡土民俗。恰如“民俗”之作为现代学术概念，也是伴随着现代城市化的发展进程而为知识精英所发明并设置意义的。正像铃木正崇所说：“直到近代，‘民俗’与‘传统’在消灭和生成的间隙中得以发现。”[①]不过，少数知识精英的引领作用，从来是与其“适于时而合于势”的行为选择密切相关的。兹以地方志书中的灾荒记录为例予以简单说明。地方志书中总是凸显地方精英的非凡作用，比如为减税急赈而为民请命、订约立碑以控制社会秩序等，而将一方民众作为背景因素，至多以“民不聊生”“饥民四起”等语大略言之。这显然并非社会事实。实际上，精英的行为往往是受地方社会情势所激，其对于当时国家政治态势的估测，与对于地方民众心理的揣度，为其行为选择提供了关键性依据。但作为地方社会情势重要构成因素的民众，却在地方志书中被大大忽视了。

再次，中国很早以来就已形成所谓的“礼俗社会”，传统中国作为一个复杂社会系统，在民间生活与国家政治之间有着复杂而深厚的同生共存关系。纵观一部中华文明传承发展史，国家意识形态经常借助对民俗活动的渗透而在乡村生活中贯彻落实，形成“礼”向“俗”落实、“俗”又涵养“礼”的礼俗互动的政治框架。礼俗互动，既包括民众向国家寻求文化认同并阐释自身生活，也体现为国家向民众提供认同符号与归属路径。换言之，借助民俗文化的生机跃动，民间社会始终发挥着对于主流文化的葆育能力。以此为基础，在中国社会悠久历史进程中的“礼俗互动”，就起到了维系“国家大一统”与地方社会发展之间平衡的作用。[②] 国家政治与民间自治之间的互动关系，不仅形塑着社会组织的基本形式，也由此产生了社会生活层面的文化交织现象：“国家对村落的政治干预与民间自治之间有长期互动的历史，结果是形成了今天(家族村落)聚落联合体的基本组织形式。”[③]以此理解中国大地上的众多村落，庶有较通观的眼光。

---

① [日]铃木正崇：《日本民俗学的现状与课题》，赵晖译，载王晓葵、何彬编：《现代日本民俗学的理论与方法》，学苑出版社 2010 年版，第 3 页。

② 参见张士闪：《礼俗互动与中国社会研究》，载《民俗研究》2016 年第 6 期。

③ 刘铁梁：《传统乡村社会中家庭的权益与地位——黄浦江沿岸村落民俗的调查》，载《北京师范大学学报(社会科学版)》2001 年第 6 期。

三、村民口述的意义

走进村落，不仅要关注“民生”，而且要体察“民心”，感受民众生活史与心态史的双重意义。面对民众的生活与文化，传统的学术工具似乎不那么灵光了。

比如，我们在村落调查中，经常有各种各样的困惑。为什么历史上的某一事件，会频繁地被村民表述，还被表述者加上了许多的发明和创造？不仅如此，看起来离“真相”越来越远的表述，反倒经常成为后人的话题中心，并在现世生活的裹挟下发生效用，而事件本身（即所谓“真相”）倒不见得重要了。还有，为什么是历史上的这一事件而不是另一事件，频繁地被这一地方而不是另一地方的人不断关注，并“折腾”出了这样的而不是别样的传统？有果必有因，有事必有人，民间自有其文化选择与传承的机制——没有关注，就不会有表述；没有关注和表述，就不会有传统的发明和创造。

显然，前者关注的是一种文化传承的线性历史，后者则关注其内在结构逻辑，耶鲁大学教授萧凤霞试图以“结构过程”[①]涵括二者。要想真正地解惑答疑，就必须在具体的区域社会空间中将二者结合起来，关注某一传统从过去到现在的建构过程与多元指向，并特别聚焦其主体表述。这一研究模式的策略是，一种传统在不同时代留下的表述有或微或巨之别，而就在种种表述的同异之中，蕴含着区域社会发展的历史脉络与内在逻辑。因此，我们的工作首先是挖掘各种表述，然后在各种表述之间寻找关联，总结民间叙事的特征，并在此基础上还原“社会事实”，建构逻辑关系。鉴于历史上官方、知识精英与民众的互动情形驳杂不一，我们今天所见的“传统”基本上都已经历过无数次改写，只是我们难以知情罢了，因此必须保持足够的警觉。这也意味着，我们在关注传统的线性历史脉络的同时，要特别关注地方社会中人的创造能力及创造逻辑。

用这样的眼光看，民间口述材料中所谓的“随意性”，不但不应是拒绝采信的理由，反倒要视为民间叙事乃至地方生活的应有特征，为我们解读历史

① 萧凤霞：《廿载华南研究之旅》，载《清华社会学评论》2001年第1期。

提供了一种相对稳实可靠的地方逻辑。一个人(当然也包括多人)对于同一事件的不同表述,既可以是基于生活状态与交流情境不同而形成的差异,也可能是他对事件表述的不同侧面的选择,还可能是他自身“觉昨非而今是”而有所改变的结果。叙事者,既是能动的个体,又会受到国家历史进程与地方社会发展格局的影响。更重要的是,国家历史进程与地方社会发展并不是作为人类个体活动的静态背景而存在的,而是通过无数个体的能动性活动才得以实现的。个体与群体的叙事及其他行为,对于地方社会发展与国家历史进程的推动作用,至今尚难以准确估测,但在它们之间存在着至为复杂的关联与互动关系,则毫无疑问。因此,民间叙事基于村落生活而呈现出的所谓“随意性”,不但不是田野研究的绊脚石,反倒蕴含着学术进步的契机,因为这是理解村民的历史观、价值观的必由之径。

村落中的民间叙事,还会努力保持与地方志、族谱、文人著述等文字传统的一致性。比如,它们都倾向于将本地区的历史与文明传统演绎得悠久古老,竭力与上古圣贤、神灵怪异建立关联,以贴近“人杰地灵”的叙事逻辑。显然,地方社会一直在不断地重新定义和建构自身传统的神圣与伟大,只不过官方和文人的叙事多以县境为单元,村民则多以村境为指向,官民之间经常发生的“文化合谋”即在此背景下展开。这与现代婚礼上对于恋人“缘分”的演绎,电视选秀者对其生平际遇的“赋值”等现象,如出一辙。其中的关键是如何建构叙事的合理性,以感染受众,并挟以自重。由此可知,执着于对民间叙事证实或辨伪的学者,既难以理解历史,也不能洞悉民众智慧。

村落研究,是不能不将历史学与民俗学、人类学的研究方法加以综合运用的。就村落史研究的学科传统而言,历史学追求历史真相,其研究注重证实或辨伪,而民俗学、人类学则关注民众如何记忆历史,以及为什么这样记忆历史。村民的历史记忆可以是虚构的、附会的、可改变的,因为它指向的是意义。比如,在山东各地的移民传说中,潍水以西大都说是来自山西洪洞大槐树(有的强调是由河北枣强中转而来),潍水以东的胶东半岛则普遍流传着“小云南移民”的说法。虽然众口一词言之凿凿,但在历史上不可能村村如此。然而,人们还是将传说演绎为一种显赫话语,争相讲述、争论与传播。在争来说去之间,这一传说就被广阔地域的人们演绎为一种有意义的历史记忆,衍生出文化认同、精神安顿等现实意义。克拉克认为:“人类学者

一向比社会学者和历史学者对于历史意义的重要性更为敏感。和'什么事实际上发生过'同样重要的,是'人们以为发生过什么样的事',以及他们视它有多么重要的。"①真正的村落研究,不仅是在为包括历史学在内的多种学科提供民众口述资料,其实还有更为重大的使命,就是挖掘和呈现民众生活实践中的文化创造及其价值建构。遗憾的是,后者至今仍为包括民俗学者在内的众多学人所轻忽。

四、以学者与村民合作的民俗志书写方式,推进当代村落研究

近年来学界劲吹"田野风",进入村落成为时尚。特别是有老建筑遗存的古村,学人更是纷至沓来。热衷于进村者,并非都出于对村落价值的珍视与对村落发展的关怀,但对村落的影响却是强大而持续的。在这一切的背后,是国家战略聚焦乡村,社会资本涌入乡村,乡村成为当代社会的"宝地"。

历史告诉我们,乡村社会的良好发展是国家长治久安的基础。不过,在此时此刻,如下追问也许并非多余:我们真正了解我们匆遽进入的乡村吗?我们所理解的、要保护的乡村文化生态是自然真实且可持续的吗?我们的意愿也是生于斯长于斯的众多父老乡亲的愿望吗?这方水土会因我们的进入而更加美好吗?须知,在"现代化发展"这一庞然大物面前,乡村自然与人文生态系统是何等脆弱,而乡村所积淀的传统智慧对于人类未来发展则弥足珍贵,任何人、任何力量都无权损之毁之。广阔的农村天地首先需要被准确认知,然后才有可能"大有作为"。面对村落,如何才能更好地认知、更深入地理解与更准确地描述呢?

就本套丛书的众多作者而论,虽然早先在博士、硕士学位论文的写作过程中,已对村落有相当了解,但受到学位论文写作时间的限制与研究能力的制约,其村落民俗志描述少有村民的内部视角。我们期望在这套丛书的写作中,通过学者与村民的深度合作,尽量多地呈现二者的不同视角,尽

① [美]克拉克(Samuel Clark):《历史人类学、历史社会学与近代欧洲的形成》,贾士蘅译,载[加]玛丽莲·西佛曼、P. H. 格里福编:《走进历史田野——历史人类学的爱尔兰史个案研究》,(台北)麦田出版股份有限公司1999年版,第386页。

量多地留存鲜活的乡土气息。

1. 对于村民的内部知识，不妄加评论，而采用现象描述的方式，呈现真实的民众心态。

初入田野者，最常见的毛病便是盲从自己的知识"先见"，乍见村落种种现象，就匆匆忙忙做类型区分和价值判断。比如，对于村民信仰活动，或要评判是否迷信，或要区分是道教还是佛教。这样的知识"先见"，其实是基于对中国社会的肤浅理解。看似荒诞不经的言行，往往背后蕴含着民众的真实心态，是解读村落心史的难得资料。本套丛书中《胡集村》一书的作者王加华，曾携初稿进村交流。村民以当地说书前惯用的几段开场白[①]为证据，坚持认为本村起源于春秋时期，已有 2000 多年历史。这一说法无疑是非历史的，却正反映了村民希望将本村历史拉长与神圣化的真实心态。作者最终定稿时，对此就没有予以简单地抹杀或揶揄，而是在列举地方志书中的"明初立村说"之后，呈现村民的"春秋立村说"及其依据，同时保留村民的其他说法，这无疑是确当的。

当然，在学者与村民的交流中，也会有村民揣摩学者意图而对村落内部知识加以改装，往学者这边贴靠。这既与现实生活中学者话语的强势地位有关，也表现出村民对外来话语（包括学者）的利用心态，后者尤其值得注意。一些有见识的村民，一旦察觉到学者话语有助于所在村落的"增值"，往往就会抛弃己见，欣然赞同学者的说法，甚至热心地帮助寻找证据。虽然这也是村落知识增长的一种方式，但目前却还处于不稳定状态，需要将之与村落中比较稳定的知识范畴相比照，否则，我们对村落的理解就不免浮光掠影。

2. 丛书最后特设专章"村里的人　村里的事"，附录"重要民俗资料提供者简介"与村民所用文献，以凸显村民的主体叙事视角。

"村里的人　村里的事"专章的设计，意在以词条单列的方式，突破传统村落民俗志书写的静态幻象，在以事带人的生动描述中展现村落中的特

---

① 胡集书会汇聚南北说书人，常用的开场白有："道德三皇五帝，功名夏后商周，五霸七雄闹春秋，顷刻兴亡过手。""孔夫子周游列国，子路沿门教化。柳敬亭舌战群贼，苏季子说合天下。周姬佗传流后世，古今学演教化。""扇子一把抡枪刺棒，周庄王指点于侠。三臣五亮共一家，万朵桃花一树生下。何必左携右搭。"

色文化。要想做到这一点并不容易。如张士闪和张帅在完成《洼子村》一书初稿后，曾专门回村细读给7位老人听，在热烈的讨论交流中，重新审视或矫正书中的原有观点。有村民尖锐地提出，原书稿过于突出巫婆神汉、善人及其信仰活动①，应该为本村烈士、支前英雄"树碑立传"，突出"教师村"的形象，并提供了相关资料。我们据此进行调整，新增"教师村""红色记忆"两个词条，与原有的"公事总理""礼仪人家""善人"等并置相映，就明显合理多了。这一修改书稿的过程，其实是学者与村民的两种叙事风格的并置与互动的过程，由此形成的村落民俗志自然会较前丰厚许多。

重要的民俗资料提供者，通常属于村民心目中"会看事""会办事""会说话"的人，经常代表村民向外人表述"村落文化"，其话语当然也会经过其自身的选择、加工而具有个人色彩。我们需要进一步观察，大多数村民会认同他作为村落文化代言人的角色吗？不善于对外人表述的大多数村民，如何评价他的话语？学者的到访，是促成了村民对其话语的接受还是相反？这些都需要格外留心。书后所附"重要民俗资料提供者简介"，意在呈现其个人基本信息，供读者进一步了解与思考。

书后所附的村民文献，与学者所撰写的正文文本形成有趣对比。学者与村民之间，注意点不同，知识储备、思想局限有别，而对村民村事的价值预设也差异明显。比如，围绕同一个村落的民俗志表达，学者所感兴趣的是如何呈现其所理解的"村落"，往往是看了地方志、地图、家谱、碑记等以后，再去跟村民交流，有时候还会事先阅读相关论著。当今学者还会特别看重祠堂、庙宇、信仰仪式、巫婆神汉等，认为这代表了地方文化生态的完整性。对于村民而言，村落则是他们身在其中、终身归属的"家园"。曾记得在2002年，洼子村的几位村落精英接受村委会布置的一项任务，要向外来民俗专家介绍村落文化，他们将之分解成"村志""民俗概况""文化教育概览"三部分，分别撰文描述。显然，他们将"村落文化"理解为历史、民俗与"高层"文化(并视为本村的特色文化)等三大层面，这一分类颇有见地，对于我们今天理解村落及民众心态仍具启发性。

长久以来，中国乡村社会经过反复的礼俗教化，形成了基于农耕经济

① 张笃杰："看了这书，外人还以为洼子村就知道整天烧香拜佛呢！"张笃杰，山东省淄博市淄川区罗村镇洼子村人，长期担任中小学教师、校长，现退休在家。

的社区共享传统，它以乡村公共利益的高度共享来实现乡土社会秩序的长期稳定，以社区节庆、生活礼仪、生产互助、乡规民约、信仰仪式等民俗传统为传承载体，构建起中华文明绵延不断的社会基础，也是支撑当代中国乡村可持续发展的重要文化资源。当代学者应服务当下中国社会发展的现实需求，扎根村落，深入传统，以此为基础提炼研究方法与理论，建构田野研究的中国话语。我们这套丛书愿意在这一学术方向上进行尝试，抛砖引玉。

最后还要说明的是，这套丛书写作时间正值暑期，尽管各位作者都有博士、硕士学位论文的研究基础，但因丛书定位所强调的视角转换，需要大量的补充调查，有的干脆是返工重做。今夏大热，感谢各位作者不避酷暑，按时完成撰写任务。因时间匆遽，本套丛书不尽如人意之处，敬请读者诸君批评指正。

张士闪

2017 年 8 月 31 日

前言

东永安村，地处莱州湾南岸的潍北平原，曾是芙蓉池北岸的湖畔村，那里稻荷飘香，苇草茂密，鱼儿肥美。村民择高埠而居，打鱼捕虾，种植台田。如今，芙蓉池早已不存，唯有红红火火的“烧大牛”“烧大马”巡游活动，年复一年地展示着这片土地曾经有过的光荣与艰辛。从洋洋湖区到高低土埠，再到平坦如砥的现代街道，东永安村人在获得诸多生活便利的同时，曾有过多少兴奋与失落？所幸，他们还有为之自豪的西庙与东庙。

西庙与东庙，不仅是东永安村村民所珍视的神圣空间，也是公共议事和舆论中心，还是特定的文艺活动场所。一年四季，这里经常充满着欢笑。到了腊月，两座庙宇几乎同时进入了“圣物”的制作时期：一边制作的是大牛，一边是大马。村民们聚在一起，笑语声声，欢闹阵阵，不知不觉就进了正月。村民在祭祖拜年、走亲访友时，“大牛”“大马”总是话题的中心，言谈话语之间满含着期待之情。正月初九“烧大马”，正月十四“烧大牛”，是东永安村年节活动的高潮，通常能引动十里八乡的男女老少来看热闹，甚至还有从遥远的城市专门赶来拍摄“民俗”的文化人。特别是到了正月十四，四五万人同时涌入这个小村子，那是怎样的热闹景象！几十位村民抬着“大牛”浩浩荡荡地行走在村里，还伴有扭秧歌、踩高跷、舞龙、划旱船等一幕幕精彩的“耍景”，整个村子一下子沸腾起来。可以说，在东永安人的心目中，没有正月里的这道“耍景”，是不能算真正意义上的过年的。

每个村落都是一本厚重的大书，需要我们耐心品读。往往驻村时间越长，村落里的未知奥秘就越多，这真是一种奇怪的感受。乡村生活似乎还是那么宁静悠长，不过村民懂得如何让平淡日子过得更有滋味。村民，绝

不是传统文人所想象的乌合群氓；村落，也绝不是一幕幕自闭自足的静态画像。为了推介东永安村的民俗旅游资源，自2013年始，东永安村“烧大牛”庙会活动入选“好客山东贺年会——乡村过大年”47项民俗旅游项目，我有幸参与调研与筹划工作。我惊讶地发现，那些早已感受不到年味的城市人，来到东永安村是如何地兴奋不已！赶年集，逛庙会，听抑扬顿挫的唱曲声，看热热闹闹的村落春晚……浓浓的乡土之情让人醉心不已。这不正是中华传统文化真正的乡土之根吗？

“回来了啊？怎么也没打个电话！住下吧……”听着东永安村大爷、大娘朴实的话语，一种走亲戚的亲切感扑面而来。我从2011年初秋来到东永安村，已有7个年头了。在东永安村多年的调查中，几乎所有的村民都认识了我，他们也都没有拿我当外人。大街小巷，家长里短，修谱立碑，村落竞选……父老乡亲对我敞开了心扉，我深深地感受到东永安村这本大书的厚重。于是，我谨小慎微地落笔，想为东永安村的当下生活立此存照，也想表达它的历史沧桑和村民久藏心底的梦想……我知道这很难很难，但这是我的追求、我的梦。

在父老乡亲的悠悠诉说中，久远的村落历史向我走近，眼前的一切充满着神秘与神奇。每次离去，看夕阳的余晖铺满整个湾塘，蒲苇影子随风摇曳，仿佛在诉说着历史的沧桑，又见证着东永安村今日的辉煌。我知道，不久我又会重新回到这片丰厚的沃土。

李海云

2017年6月

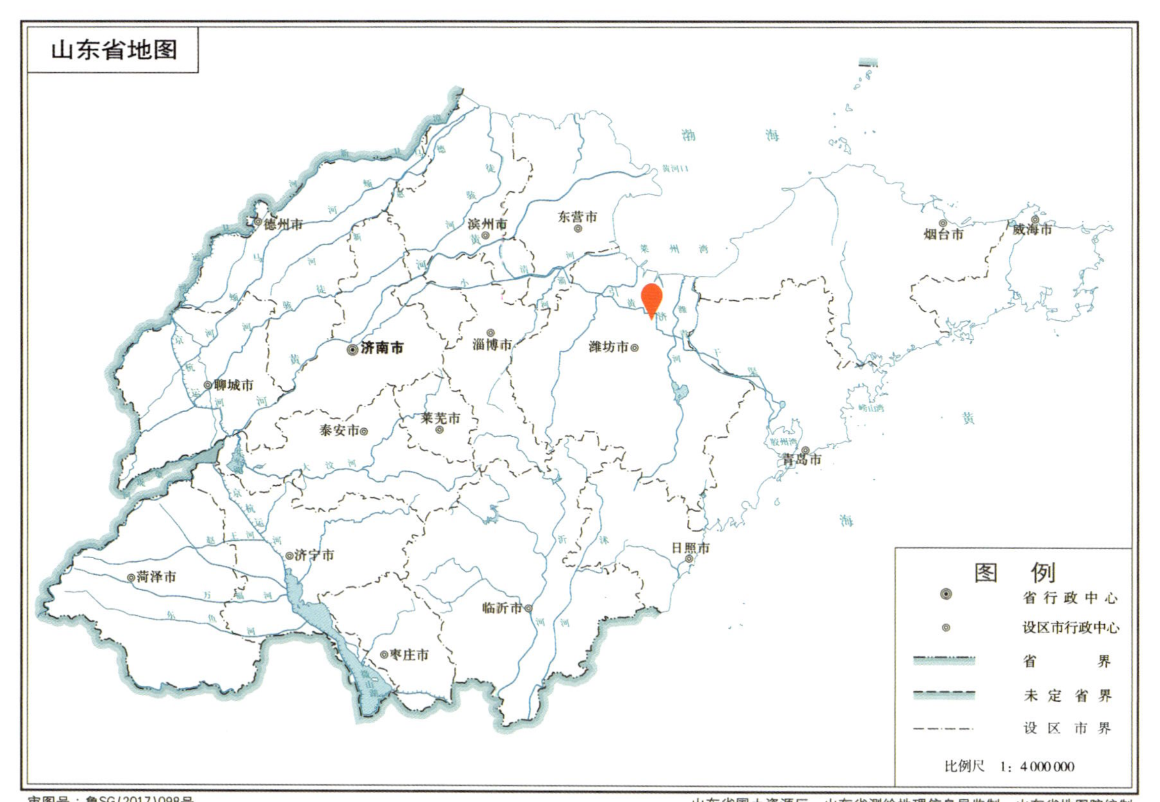

东永安村地理位置示意图

目录

第一章
从"蓉岸"到"永安"

东永安村隶属山东省潍坊市昌邑都昌街道，地处莱州湾南岸的潍北平原，该地区曾有众多湖泊分布，至今已渐次消失。东永安村的地理生态经历了两次较大改变：一次大致在民国时期，众多湖泊渐次消失殆尽，历史上依湖而居、水网密布的村落生态消失了；另一次在 1975 年前后，昌邑市开展乡村地貌统一平整规划，东永安村一带的大小埠子被削平，填补洼地，村落居住格局被统一规划，形成了今日村庄的基本面貌——房屋建筑整齐划一，柏油街道横平竖直。不过，早已消失的湖泊、高埠，如今依然是村民茶余饭后的谈资。村北田地周围的壕沟内，蒲苇迎风飘荡，似是这一带沧海桑田变迁的见证。

历史上，东永安村曾有过多个名字。据说，在明代以前，曾以"李家庄"为名；各家族迁来后，改为"蓉岸村"；后又用过"中永安庄""中庄""东永安庄"等村名。在东永安村村西高埠的亭子内，有一块 1990 年所立的村碑记载了村庄的更名情况：

> 众逢升平，念溯本源，谨立此碑，晓以后世。《昌邑县志》载，芙蓉池在县城西三十五里。吾村居此池岸，故名"蓉岸"，后因兵匪骚乱频繁，不得乐业，谐音易为"永安"，以祈吉祥。

早些时候，在芙蓉池北岸环列着三个村庄，分别为"东永安庄""中永安庄""西永安庄"。后来，最东部的"东永安庄"改为"远东庄"，而"中永安庄"则

成为“东永安庄”。东永安村与远东庄相距约0.5公里，与西永安村相距约1公里，三村联系颇为密切。

一、潍北大洼

（一）涝洼之地

东永安村地处莱州湾南岸潍北平原，该地区为平原地带，南部有残丘零星分布。潍北海拔为3～12米，地形向东北莱州湾微倾，河流发育，沟渠密布，村庄密集，大部分为耕地，局部为水塘湿地。潍北地貌的形成主要是海洋与河流相互作用的结果，自海岸向南地貌依次为海积平原、海河积平原和河积平原。其中，海积平原地带地下卤水藏量丰富，分布有大量盐田，局部为盐渍化荒地、水塘，为大海潮及风暴潮侵及地带。因北临渤海，海口有堤河口、潍河口、白浪河口、胶莱河口等。海河积平原位于海积平原以上，海拔为8米以下，地势低洼，人们俗称为“潍北大洼”，是特大风暴潮侵淹地。1949年以前，这一带曾是古湖泊分布区域，为全新世海侵沿海泻湖。河积平原位于海河积平原以南，海拔为10米以上，由流经本区域的潍河、白浪河、虞河、堤河、浞河等冲击而成。

潍北大洼最为凸显的地貌景观是湖洼泽薮较多，并与星罗棋布的高土埠相间，俨然一幅山海图景。人们为避水患，多居于高土埠之上。很多村落都以“埠”命名，如渔埠、渔洞埠、李家埠、博乐埠、肖家埠、长流埠等。土埠既是水灾匪乱发生时的避难地，又是建造庙宇、举行神圣仪式的常用空间。这些土埠周围时常有狐狸、黄鼬、蛇、刺猬等动物出没，流传着许多精怪故事，使得土埠更加神秘。尽管这一区域为广袤平原，但因其近海，土壤偏盐碱化，所以种植条件较差。土壤类型主要有棕壤、褐土、潮土、砂姜黑土、水稻土、盐土等，越往北土壤盐碱化程度越高，尤其以昌邑龙池、下营以及寒亭南孙和泊子乡等北部滨海地区最为严重。

潍北平原气候属于暖温带半湿润季风大陆性气候，四季分明，雨热同期，干湿季明显。“春季空气干燥，多风少雨，早春冷暖无常，晚春回暖迅速；夏季温高湿大，炎热多雨；秋季天高气爽，气候宜人；冬季寒冷寡照，北风频吹，雨雪稀少。”[①]全年降水主要集中于6月、7月、8月三个月份。

潍北灾害主要有水患、潮灾、地震、蝗灾、旱灾、冰雹等。旧时北部濒海地壳活跃，常引发海潮，每年三四月及秋季易发生海水倒灌，如1949年7月26日，海堤决口数处，潮水内侵20余公里，淹农田500余公顷。1964年4月，潍北遭受特大海潮，水位达3.8米，侵入内地东西宽29公里，南侵30公里，永安、博乐埠遭害尤甚。[②] 潮水过后，不但房屋倒塌，而且耕田变为盐渍涝洼地，数年不长庄稼。对此当地有歌谣唱道：“春天盐碱白茫茫，夏天雨涝水汪汪。年年见种不见收，黄蓿野菜当主粮。”潍北境内水系发达，每逢大雨，河流泛滥，四处流溢，湮没田禾房舍。在东永安村民的记忆中，历来涝灾频繁。如1943年夏，霪雨连绵半月，东永安村一片汪洋，村民撑船走路，纷纷逃到村西高埠顶；秋天，北部洼地，蝗蝻孳生，永安村一带庄稼受害严重。

（二）芙蓉池畔

芙蓉池，是由古代别画湖（又名“朕怀湖”“蝶湖”，横跨昌潍平原中北部）解体而形成的小湖泊。在潍北地区的海河积平原区域，自西向东分布着巨淀湖—清水泊、黑冢泊和别画湖三大湖泊群。这些湖泊的形成与全新世以来的三次大的海侵（沧州海侵、献县海侵、黄骅海侵）有关，尤其与黄骅海侵关系最为密切。黄骅海侵在距今7000年左右时达到全盛时期，当时海平面大致位于现今5米等高线附近，黄海海水经渤海向华北平原内侵，其中南部到达山东丘陵北陲的寿光、昌邑等地。以后随着大规模的海退，最终使得泻湖与海洋隔离，退居内陆，并在入注河流的不断淡化下，逐渐演变为淡水湖。如最西部的别画湖便有由虞河、白浪河汇入。对于莱州湾南岸平原古湖泊区域湖相地层的^{14}C测年表明，该区湖泊大约形成于距今5500年。[③]

关于别画湖，历代文献多有记载。北魏郦道元《水经注》载：“（白狼水）水上承营陵县之下流，东北径城东，西入别画湖，亦曰朕怀湖。湖东西二十里，南北三十里，东北入海。”“溉水又北径寒亭西而入别画湖。”[④]元代于钦

---

① 山东省潍坊市寒亭区史志编纂委员会编：《寒亭区志》，齐鲁书社1992年版，第93页。

② 参见双台乡史志编纂小组编：《双台乡志》，1986年编印，第5页。

③ 参见张维英、韩美、李艳红：《山东莱州湾南岸平原古湖泊消亡原因初探》，载《古地理学报》2003年第2期。

④ （北魏）郦道元：《水经注》卷二六《巨洋水》，中华书局2013年版，第594～595页。

《齐乘》在记载白狼水时，提及别画湖："白狼水，《水经注》出丹山，径北海郡城东，入别画湖，亦曰朕怀湖，东北入海。余按：白狼有二源……又东北过寒亭，合溉水入湖，由湖入海。"[①]最初，别画湖的区域范围，即东至昌邑市的永安一带，西至寒亭区禹王台村，北至横里路、西利渔村一线以南，南至固堤村北，东西、南北各约18公里。这一范围大约出现在汉代或其以前的气候温暖时期。自东汉中叶时起，气候逐渐转寒变干，湖泊的面积也相应地缩小，并出现解体趋势。到北魏时，已减至"东西二十里，南北三十里"，并有黄荞洼与莲花坡两个洼地分离出来。[②]

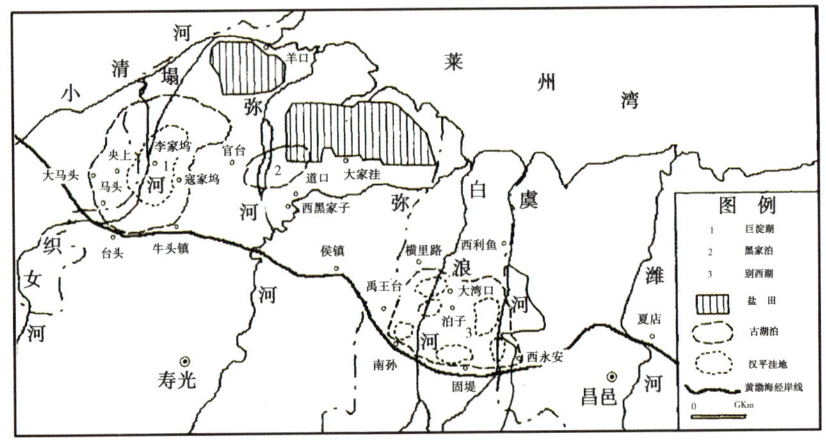

莱州湾南岸平原古湖泊分布示意图[③]

至迟在明代，芙蓉池由别画湖东北部区域解体形成。明《寰宇通志》载："芙蓉池，在昌邑县西北二十里。旧有台，久废。"[④]其后，历代方志多有记载。如清康熙《昌邑县志》载："芙蓉池，在县西二十里永安社，旧有台，今废。故址犹存水央，俗呼为西白，内有红白莲二种碧莲间生，今亡。又产苓茨、鸡头，所以供丁祭鱼数甚多，土人资其利焉。"[⑤]

① (元)于钦：《齐乘》卷二《益都水》，中华书局2012年版，第121页。

② 参见韩美、张维英、李艳红、张丽娜：《莱州湾南岸平原古湖泊的形成与演变》，载《地理科学》2002年第4期。

③ 张丽娜：《莱州湾南岸平原中全新世以来古湖泊与环境演变研究》，山东师范大学硕士学位论文，2003年。按，图中"西永安"当指永安一带。

④ (明)陈循等纂修：《寰宇通志》卷七六《莱州府》，景泰七年(1456年)刻本。

⑤ (清)许全临纂修：康熙《昌邑县志》卷二《地理志》。

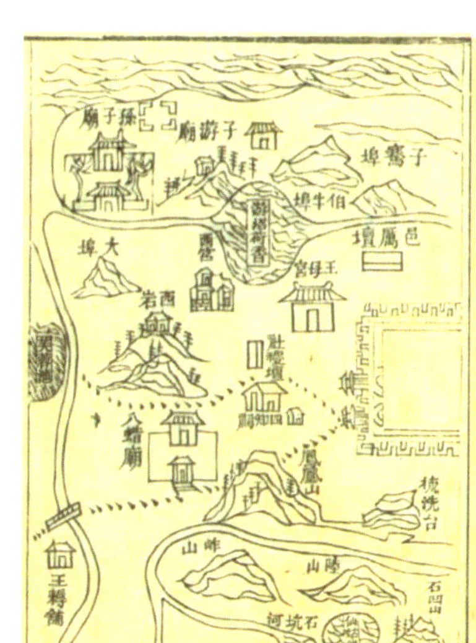

清代昌邑县境芙蓉池（清·许全临纂修《昌邑县志》插图）

清康熙年间，昌邑知县许全临曾作诗《芙蓉池怀古》曰：“淑景融融媚碧波，芙蓉池畔长新荷。鱼吹细浪摇明月，燕掠疏帘影绿莎。台榭昔年夸壮丽，苍桑今日遍藤萝。水央遗址依然在，弹指兴衰感慨多。”①乾隆年间，昌邑人孙乾元作赋描绘了芙蓉池一带的优美景致：

芙蓉池赋

郚水旧都，芙蓉荒渚，盖帝子之长洲，而王孙之别墅。观其北通渤海，南挹浮塘，淤河萦回而奔注，瀑沙喷欲而汪洋。一碧万顷，水色天光，地远胜夫印渚，味岂侔乎濠梁。则有甄城贵胄，衡府名王，扶轮承盖，远胜撷芳。起水榭，构风亭，曲房窅窈，飞阁峥嵘，横波却月，左拂右萦。槛倚长虹，通湖心之一径；窗悬瀑布，暗稻陇之千町。历历晴川，莺宛转以歌树；萋萋芳浦，渔欸乃以扬舲。染房栊之四面，天垂卵色；添雨水之半篙，波蹙鱼鳞。月疏而镜彩，谷纹隐映素幙；风细而帘钩，檐网摇动青蘋。尔其朱光芳丽，泽草争妍，回塘滉漾，长沼清涟，奇葩茁发，秀色天然，红衣楚楚，翠盖田田。辞雕饰而弥工，擢淤泥而不染；试出水之新妆，呈临波之笑脸。婀娜舞态，扶绿漪以全低；飘渺喷香，扬清风而更

① （清）许全临纂修：康熙《昌邑县志》卷二《地理志》。

远。巧披五色之图，羞拟六郎之面。擎玉露之团团，落丹霞之片片。惊翡翠兮交飞，睡鸳鸯兮灿烂。龟成巢而文列，嫩叶方齐；鱼吹浪而痕圆，低枝微颤。花钿寻来，吴娃渐治；铅华拭去，越女含羞。或交柯而并树，亦晨吐而暮收。朝日方升，雾敛千层之碧浪；夕阳返照，光摇十里之朱楼。早霁则晓镜初开，靥盈盈以乍洗；微雨则明珠欲泻，泪涔涔以将流。依幂赏庾君之伟丽，集赏吟楚客之离忧。及夫红房坠粉，白羽飘烟，才看水旦，旋放木莲，锦城日耀，花坞云连。分万朵于长沙，明妆艳服；移孤根于巴蜀，秋水平川。隔岸何灼灼，映水更娟娟。尔乃倚桂枻，荡兰艖，批荇藻，触芰荷，放中流兮采莲歌，鸣箫鼓兮舞婆娑，望美人兮步凌波，怨双蕖兮恨若何，醉碧筒兮朱颜酡。然而清漳堕雀，泌水消魂，春花兮寂寂，秋草兮沉沉。思公子兮未敢言，怨罗绮兮黄昏。歌舞归何处？台榭已成空，菰米沉云黑，藓衣蚀砌红。年年惟有芦花岸，摇落西风明月中。①

诗文描绘了优美的风光与湖中丰富的物产，多有佳句。如"盖帝子之长洲，而王孙之别墅""甄城贵胄，衡府名王"等诗句，提及明朝青州衡王府的往事②，显示出这一带曾经的繁盛。又如"窗悬瀑布，暗稻陇之千町"，勾勒出湖泊周围一望无际的稻田生态。据当地传说，明代衡王曾在芙蓉池一带筑建苑囿、别墅，衡王本人经常来此小住，观赏美景。衡王府的"脂粉田"，故址就在渔洞埠村北的高埠上。种种传说，意在凸显衡王与芙蓉池的密切关联，虽然其中不乏当地文人与百姓的想象成分，但也为地方风貌增添了一份神秘与神奇。

清末民初，芙蓉池进一步解体形成多处小湾塘和湖洼，如永安一带的永安湖。不过，至 1940 年后，永安湖水量渐少。民国《潍县志稿》在记载瀑沙河时曰："瀑沙河，源有五……又北漫于永安湖，水盛则东北入海。"③至 20 世纪

① （清）周来邰纂修：乾隆《昌邑县志》卷八《艺文志》，（台北）成文出版社有限公司 1976 年版。

② （清）张廷玉等撰《明史》卷一一九《诸王传四》（中华书局 1974 年版，第 364 页）载："衡恭王祐楎，宪宗第七子。弘治十二年之藩青州。嘉靖十七年薨。"

③ 常之英、刘祖幹纂修：《潍县志稿》卷五《疆域志》。另，永安湖与"容安洼"应是同一湖泊的不同名称，清乾隆《潍县志》同样在描述瀑沙河时，提到该地湖沼时称"容安洼"："瀑沙河，城东四十里……自此以下水势渐大，过鲢庄、辛阜，入昌邑容安洼。"[（清）张耀璧总裁，王诵芬纂：乾隆二十五年《潍县志》卷一《舆地志（山川）》]

50年代，芙蓉池已彻底干涸，被村民开垦为农田。[①] 时至今日，除西部高里禹王台北一带存有部分湿地外，别画湖仅残留了一些湾塘洼沼，如寒亭区固堤街道以北的北洼、温庄洼、燕子洼、别化村西数十亩的碟形洼地、周家洼及高里镇的台底洼和邵吕店、肖家营村一带的洼地等。

蒲苇丛生的小湾塘

昌邑双台乡[②]一带多埠、河沟、洼和台田。该乡大部分土地是平原，占总面积的58.2%；土埠约占总面积的20%；碱洼地约占总面积的15%；蒲地计5000亩以上，占总面积的5%；渔洞埠、肖家埠、永安一带，有苇地4000亩，占总地面积的4%；藕地计500亩以上，约占总面积的0.3%……在永安、远东庄、徐林庄以北的台田沟湾，生长着蒲苇、荷藕，沟岸上荆条、棉槐、柳子丛生。[③] 作为湖畔村落的东永安村，在传统社会中延续着生态农业与小手工业的兼业生计传统，其湖泊资源为编织业、扎制业提供了自然资源。

① 参见山东省潍坊市寒亭区史志编纂委员会编：《寒亭区志》，齐鲁书社1992年版，第105页。

② 1983年昌邑县设6镇14乡，东永安村隶属于双台乡。2010年，撤双台乡，并入都昌街道。

③ 参见双台乡史志编纂小组编：《双台乡志》，1986年编印，第39、40、85页。

(三)渔盐之利

自西周始,渔盐业、编织业便成为潍北地区人们重要的生计方式。“太公至国,修政,因其俗,简其礼,通商工之业,便鱼盐之利。”①另,《太平寰宇记》描述潍州风俗时也提到:“太公以齐地负海泻卤,少五谷而人民寡,乃劝以女工之业,通鱼盐之利。”②历代文献的记载略同,大致是齐地北郭几为薮泽,广野牧地,水草茂盛,齐人于其地放牧群畜。人们依湖而居,湖泊薮泽内所盛产的芦苇、柽柳和香蒲等水生植物,为村民提供了丰富的自然资源,人们采其蒲苇编织草履等,编织业尤为发达。直至20世纪,这种生计方式依然在这一带有所延续。清光绪《潍县乡土志》载:“苇席,邑北渔洞埠湖及邵吕店洼处宜苇,种者甚繁,寿光商人每岁购去,制为席。”③清代文人郭麐描述潍北村民:“近海编甿田产疏,半应灶户半为渔。几年方得余财攒,挨雁新添一炮车。”④郑板桥《潍县竹枝词》描述北部湖泊海滩一带的渔家生活道:“北洼深处好拿鱼,淡荡春风二月初。河水尽开冰尽化,家家网罟暴村墟。”⑤至民国时期,滨海邻近居民如龙池瓦城、东利渔等村,亦多有捕鱼为业者。⑥ 清末潍县进士陈恒庆(1844～1920年)《谏书稀庵笔记》(又名《归里清谭》)中更为生动形象地描述了潍北湖沼海滩一带的景致与生活:

> 自昌、寿、潍城北行六十余里,即见众河入海之处,汇为一滩,宽广计地数百顷。滩皆淡水,夏日荷花一望无际,叶大如车轮,花大如盘,香闻数里。其下藕肥如臂,间有脆如梨者。其不脆者,煮食之,如蒸栗然,可以充饥。莲子饱绽坚实,干之鬻于药店,或鬻于果子店。荷叶阴干,鬻于酱园。藕则上市如山堆,业主获利,倍于稼穑。滩边则植芦苇,连亘数里。初茁时,如笋如笔。秋日长成,苇粗如竹,刈之可以织席。妇女手艺之敏捷者,一日可成方丈席一具,值银一钱。苇之细者,用以葺

---

① (汉)司马迁:《史记》卷三二《齐太公世家》。

② (宋)乐史:《太平寰宇记》卷十八《青州、潍州》,中华书局2007年版,第362页。

③ 潍坊市寒亭区史志办公室编:《潍县乡土志》,寒亭区史志办公室2010年点校本(内部印制),第97页。

④ (清)郭麐:《潍县竹枝词》,载孙建松编著:《潍县竹枝词撷英》,中国戏剧出版社2012年版,第56页。

⑤ (清)郑板桥:《潍县竹枝词》,载孙建松编著:《潍县竹枝词撷英》,第19页。

⑥ 参见《山东省各县农林状况报告·昌邑县》,1931年。

屋，阅三十年不腐朽。芦花如棉，收而藏之，冬月以之盖韭畦。春初早韭，赖此而生。若天气较暖，不待春初，节逾冬至，二寸黄韭已登市矣。滩水浅处则植蒲，蒲笋洁白，鲜嫩可食。冬初刈蒲编为暖鞋，编为包囊，或编为蒲团，皆妇女手为之。芦与蒲，无须布种，留其根则自生。滩中亦有稻田，插秧之时，赤足露半体入于泥淖者，皆男子。农家妇女，亦复裹足，不似南方村妇，能服胼胝之劳也。稻多红色，其味香，其性黏，名曰“香稻”。较御田香稻，粒微小。离京千余里，苦不得其带皮之种耳。由此北行，渐入渔港。港中细草青葱，鱼小如叶，虾小如粟。乡村稚子，以筛取之，或供日食，或作菹醢。而二三分之活虾，曰鱼虾子，尚提之入城市，以易钱文。港之较深处，夏秋之际，则多蟹。不须网取，夜间以荆笼然灯其中，则有大蟹引群蟹而入，故名大蟹曰“头蟹”。节届仲秋，则团脐黄满。重九持螯，尖者亦脑满肠肥矣。有蟹之处即有虾，水渐深则虾渐大。长一二寸，白壳银须，名曰“白虾”。去壳烹熟，其肉尚白。晾干去皮，便为虾米。鬻之远方，不胫而走，殆遍寰区。循港而行，即至海滨。依海滨取鱼者，或以网，或以钓钩。舟小如瓜皮，舱中储水，得鱼即入水蓄之。若入海十里以外，则舟长如三间屋，海浪跃舟而过，渔人坦然不惧，游人不能从也。①

村民编织的鱼笼

此文为清代潍县人陈恒庆告老归田后所作，从中可以看出潍北湖区的优美风光、丰富物产及村民日常劳作生活。湖泊不仅盛产鱼、虾、螃蟹，湖边自生的芦苇与蒲子还可用来织席、葺屋、编蒲团等，成一方生计。当地人们引水耕种稻田，逐渐发展出渔业、运输业、编织业、水稻种植业等，以弥补土地盐碱贫瘠之困窘，成为典型的兼业劳作模式。其中，编织草帽辫在潍北地区尤为盛行。陈恒庆还细致描绘了莱

① (清)陈恒庆：《谏书稀庵笔记·海滩》，团结出版社2014年版，第262～263页。

州湾南岸一带盛行的草帽辫业：

自昌、潍循海而东至莱府，其乡村妇女多业草帽辫。地亩植小麦者，多加粪力，再遇雨水调和，麦莛可高三四尺。刈获后，以木梳去其皮，水润之，以刀劈之。刀双层有口，口有大小。初学编者，用大口刀劈之，辫微粗。手艺精熟者，用小口刀，辫极细。路过其乡，见青年妇女或坐于门前，或在树林荫翳之下，信手拈来，顾盼自如，谈笑自若，而辫则条理不紊，丝毫不差，较纺织之利，多至倍蓰。外来海舶，捆载而去，亦挽回利权之一端也。①

清末地理学家张相文在齐鲁旅行时经过潍北之地，也对这一带的生产生活有所记载：

妇女之作草绠者，坐之皆不释手。而卧室能知前后开窗，以纳新气，尤足多也。禾稼葱茏，村树茂密。每隔数里，必有一大村落，外皆环以土圩，无异营垒。又多槲树，叶似梧桐，可喂野蚕，以织茧绸，为土产之大宗。②

当地曾流传民谣说："唧啾咯噔织，两天织一匹。五天一个集，卖了籴粮吃。"足见潍北地区丝织业的兴盛。此外，潍北地区还有染业、皮革业、猪鬃业、丝绸业等家庭手工业，而以布业、棉纱业较盛。

20 世纪 50 年代以后，潍北一带乡村依然多有从事编织手工业者。如在昌邑双台乡境内，"湾塘众多，计有 2550 亩，大部分栽种蒲苇。年产蒲子 130 余万斤，产苇约 100 万斤。这几种均属多年生植物，投资少，收益高，用途广。不仅供给本地农户编织，且成品还远销外地。仅地毯一项，各村老少大部从事编织，畅销国外，年收入八百万元，远近驰名"③。

二、埠东与埠西

东永安村过去常遭水淹，为避水患，人们都居住在土埠之上。因为地处湖洼区，地势南高北低，每当雨水多时，河水暴涨，顺势流入永安一带，这些

① (清)陈恒庆：《谏书稀庵笔记·草帽辫》，第 264 页。

② 劳亦安辑：《古今游记丛抄》卷六《齐鲁旅行记》，中华书局 1936 年版，第 54 页。

③ 双台乡史志编纂小组编：《双台乡志》，第 38 页。

密布的埠子阻挡了水流向北流淌，因此常使村落遭水淹。高埠之地，就成了村民的避难处。村内有许多高高低低的埠子，如“土龙埠”“南埠”“小南埠”“凤凰岭”“西虎埠”等，其中最高的埠子为西虎埠，海拔约 18 米，最长的则为横亘在村中央的土龙埠，又称“鲶鱼埠”，南北方向，将村落居住区隔为埠东、埠西两部分。在东永安村，埠东与埠西既是地理区分，也是家族代称，村民常用埠东指代居于土龙埠以东、地势较低的齐氏家族，埠西则为丛、吕两大家族。齐、吕、丛是东永安村的三大姓氏，村内另外还有陈姓 2 户、马姓 2 户以及赵姓、王姓、张姓的少量家户。其中，陈姓祖先陈梅生由北距 10 公里远的昌邑白塔村迁来，居住在村中间鲶鱼埠的南头。据村民说，他姓村民都不敢居住在此，担心绝后，唯有陈家无碍，因为“陈”谐音“沉”，可以压得住鱼头，因而能子孙繁衍。陈家还将墓茔修在旁边，以示永久扎根于此。马、张两姓迁来更晚，是在 1996 年后相继落户东永安村的。马姓村民自章丘迁来，原为铁匠，娶了齐家媳妇后落户，住在村西吕家居住区附近。至 2016 年，东永安村一共有 766 户，人口 2903 人。其中，吕氏家族 215 户，共 740 人；丛氏家族 218 户，共 972 人；齐氏家族 326 户，共 1161 人。[①] 东永安村与相邻的西永安村为双台两大村，在整个昌邑地区名气颇大。

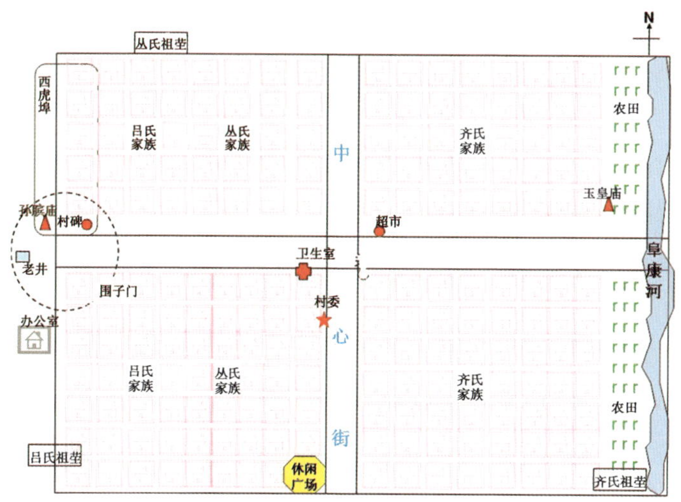

东永安村村落空间示意图

① 该数据由东永安村会计齐乃会提供。另据《1982 年第三次全国人口普查统计表》：“东永安村户数为 622 户，总人口 2403 人。”（双台乡史志编纂小组编：《双台乡志》，第 31 页）

从示意图中可以看出，三大家族居住有着较为明显的区隔，横亘中央的土龙埠变为了中心街，却依然是齐氏家族与村西丛、吕两家族的分界。在东永安村人看来，埠东、埠西不仅意味着一种地理区隔，还常被村民用来解释家族关系的亲疏远近。在村落早期历史上，丛、吕两家居住在土龙埠以西较高的地方，地势优越，很少与地处埠西低洼区域的齐家来往。我们采访时，有的村民说：

原来大街是一溜埠子（土龙埠），很高，我们（丛家）跟齐家不见面。①

跟齐家还隔着一个大埠子，有半里路长，所以有些事儿也不在一起做。②

据说，在齐家迁来之前，同在埠西的丛、吕两个家族之间的居住边界也是清晰的。齐家迁来后，中间的土龙埠就成为村落中最重要的边界，所以“埠东”“埠西”成了村民口语中最常用的方位表达，丛、吕两家的居住边界则趋于模糊。自明清以来，在村落中三大家族关系格局中，齐氏家族相对独立，丛、吕家族则往往一起共事。丛、吕家族村民多用“丛、吕不分”形容两家族的亲密关系。如村民们讲：

丛家和吕家一块从文登迁过来的时候，就像亲兄弟一样。齐家来得晚，住在埠东洼地。（埠）西边基本都是俺姓吕的和姓丛的。从老一辈开始丛、吕就不分了。③

为什么丛、吕家族比较亲近呢？因为他们是一块儿从文登迁过来的。迁来以后，丛家住在村中间，村西边是姓吕的……姓丛的和姓吕的从文登迁过来后，跟亲弟兄们一样。现在也是“丛、吕不分”，虽然是两个姓，但关系很密切。④

自古以来有这么个说法，就是“丛、吕不分”。他们迁来的时候就称兄道弟，估计刚来的时候有老亲。商议事（方面），丛、吕能商量到一块儿，齐家和这两个姓就说不到一块儿。⑤

昨天有人问“丛、吕一家人”，我就解释姓吕的也是从文登来的……

---

① 吕瑞婷，女，东永安村人。访谈时间：2015 年 3 月 3 日。
② 丛乐训，男，东永安村人。访谈时间：2015 年 3 月 3 日。
③ 丛兴孝，男，东永安村人。访谈时间：2012 年 2 月 6 日。
④ 吕瑞福，男，东永安村人。访谈时间：2011 年 10 月 2 日。
⑤ 吕言忠，男，东永安村人。访谈时间：2012 年 2 月 6 日。

> 两个家族的先祖名都是后人起的，俺的老祖叫开基，姓吕的老祖叫开业，“从开基、吕开业”。[①]

不过，在丛、吕各自的家谱及祖茔碑刻中，却没有两家一起迁来的说法。在清朝光绪二十六年(1900 年)《丛氏先茔》碑上，曾提及丛氏始迁祖丛刚的迁来时间为明朝洪武初年：“吾始祖讳刚，字直烈，故登州文登县籍。自有明洪武初来昌邑西乡之永安庄，遂世居焉，而兆阡于兹历有年所。”在 1944 年《吕氏族谱》序言中，也仅提到吕氏先祖迁居来此的缘由和迁居地点，并没有记载迁居的时间：“原我吕氏，世居山西，遭鼎革之变，东迁文登，复迁邑西李家庄。”显然，丛、吕家族村民所强调的“一块儿从文登迁过来”并相互称兄道弟的说法，更像是两家族因居住较近而“拉近乎”的一种意愿。特别是在齐氏家族迁来后，人口发展迅速，村落内部面临着土地等各种资源的新的竞争。作为老住户的丛、吕两家族，倾向于在日常生活中“抱团”，也是自然之事。

1975 年前后，东永安村村落格局经历了一次较大的规划改造，由昌邑市革委会、昌邑市农业局等单位，联合开展以平埠填洼为目的的乡村地貌统一平整规划活动，将村落内以及周围村落大大小小的埠子予以平整，填补洼地，尤其是将横亘在村中间的土龙埠去除，使得村落东、西地势相平，原有家族之间界限分明的居住空间有所混合，形成了家族之间“大聚居、小穿插”的居住态势。但基本格局未变，吕氏家族居住区依然集中在村落最西侧，中间为丛氏家族，最东面为齐氏家族。丛、吕家族和齐氏家族的聚居区，大致以村南北向中心街(旧时的土龙埠)相隔，依然有着明显分界，村民习用“埠东”“埠西”来代指齐家和丛、吕家族。尽管高埠在村庄规划中已被夷为平地，但在村民心中依然顽强地留存着丰富的记忆。

下面这幅村落示意图是东永安村村民齐忠华所绘，笔者进行了修改。图中标注了三大家族的居住区位置，以及村里传统的重要文化景观，如西虎埠、凤凰岭、芙蓉池、南埠、庙湾、孙膑庙、玉皇庙、三大祖茔地等。即使原有的交通古道嶙峋交错，他也描绘得一清二楚。东永安村三大家族各有一条通向南面芙蓉池的老路，另外还有通向西永安村、远东庄的古道，这曾是古代

① 丛乐训，男，东永安村人。访谈时间：2015 年 4 月 22 日。

由登莱一带到滨州、德州之地的必经之路。这条古道其实是由横贯东西的一串土埠连接而成，其西端起于渔洞埠村北虞河和泥河间的小西埠，过泥河连接西永安村西头的西土埠，古道穿过西埠的埠沟，进入西永安村。据说，由于这条古道的过往车辆和行人较多，西永安村西头还曾开有10余家店铺。古道从西永安村村内的东埠前，过东永安村村西南角的小南埠北坡，紧接东永安村的西虎埠，又从东永安村村前通往远东庄、陶埠与鄌亭。古代青莱间的通道也经过永安一带。[①] 当地传说，秦始皇最后一次东巡，也走过这条古道。

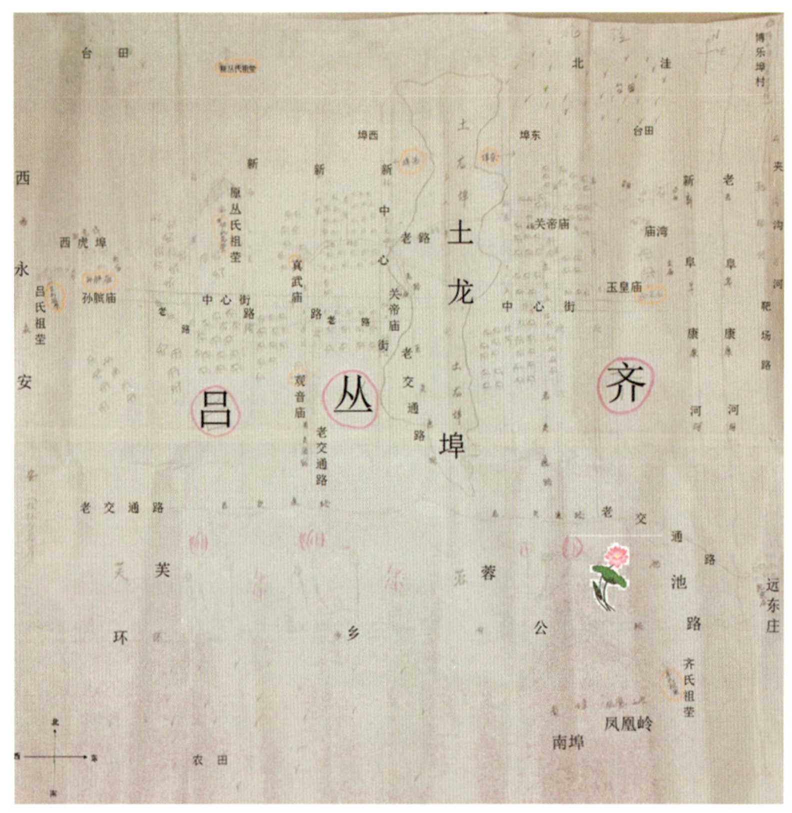

东永安村1975年规划前后村落空间示意图

1975年的规划使得村庄居住地面积扩大了一倍多，形成了今日井然规则的正方形聚落。据2008年昌邑市勘察测绘研究院统计，东永安村总占地

① 参见王蔚成主编：《昌邑文化博览》，齐鲁书社2000年版，第103页。

34.32公顷,人均占地125平方米。[①] 村落房屋整体呈正方形,南北500米,东西500米;进庄的三条南北大道宽约12米;中心街前后即村落南部、北部各11排房屋,每户房屋的后墙到前面的南墙是7米长,房屋是4.8米高;村委所在南北大道为村落的中间道。柏油路及村落南部的桥为2000年所修。这次规划保留了旧有的孙膑庙、玉皇庙所在的公共空间,村西部分西虎埠以及部分老围墙。后来,村南头又修建了休闲活动广场,安放了各种各样的锻炼器械和篮球架,多用作村民日常的广场舞场地。在村落里还建有三面蓝色影壁:一面在村西孙膑庙东侧,一面在村东,另一面则在齐氏家族、丛吕家族分界的主干道最北头,上有“人和物昌”四个大字。

1975年规划后,这一带村落的联系比以往更加密切。首要原因是交通带来的方便,再者也与这一带的集市日期设置有关。东永安村于1985年起集,将农历每月逢四、九定为集市,逢五、十为西永安村集,逢二、七为远东庄集,逢一、六为角埠村集,逢三、八为柞埠村(双台乡)集。东永安村还设有两个山会,时间是每年的农历四月初九和十一月初九,主要用于这一带的农贸物资交流。在方圆两公里内,村民几乎天天有集赶,相互之间就热络多了。每年正月,邻近各村的庙会活动都陆续上演,村民轮村赶场,就更加热闹。

东永安村俯瞰图(局部,2015年)

① 参见昌邑市勘察测绘研究院:《昌邑市都昌街道双台社区东永安村现状图》,2008年1月。

东永安村交通非常便利，每天都有直接从本村发往昌邑、潍坊的汽车。发往昌邑的公交线路为10路，由东永安村至昌邑东方花园，首班发车时间为6点，末班车为下午5:30；由村内到潍坊则是一天两班。另外，村民几乎家家都有私家车，出行十分便利。

东永安村村委领导班子稳定性极强，自1945年至今，有4位吕氏家族村民出任村书记，但所有任期加起来也未超过10年；有3任村书记出自齐氏家族，共有70多年的任期（见下表）。

东永安村党支部书记更迭表①

年　份	书　记
1945～1952年	齐思宽
1953～1956年	吕佃聘
1957～1958年	吕瑞兆
1959～1961年	吕瑞林
1962～1976年	齐占信
1977～1978年	吕成英
1979年至今	齐佃德

1954年，双台乡公社在东永安村设试点，由几十户吕姓村民建立了合作社，上级部门还给予了一定的支持，村民收入很好。1955年，受冰雹灾害影响，很多村户的庄稼被毁，生活很困难，入社的吕家土地却几乎没有受损害，粮食产量相当不错。到了当年秋季，齐氏家族和丛氏家族也开始酝酿成立合作社，将土地集中起来。1954～1955年，全村按照居住空间分为4个小村子，即西村（吕家）、中村（丛家）、北村（后齐）、南村（前齐），丛家为114户，吕家为103户，齐家150户左右。1956年春季，双台乡以村为单位共设31个高级社，取消分红，实行按劳分配。当时东永安村的8个生产队与远东庄的4个生产队，共同成立了一个高级合作社。1958年成立人民公社，东永安村隶属英雄社。1959年"大跃进"时，村民生活非常困难，东永安村便和远东庄分开，变为东永安村大队和远东庄大队。"三年自然灾害"时期，村民生活更

① 参见双台乡史志编纂小组编：《双台乡志》，第124～138页。

加困难，村里没有粮食，不过该村北部的荒地、洼地里生长着荠菜、蒲公英、黄蓿等各类野菜，常被村民采来煮食充饥；但吃久了，导致很多村民营养不足，多患浮肿病，身体虚弱。1962 年，村落曾分为 14 个生产队。生产队作为一种经济分配形式，在村民心目中根深蒂固，时至今日仍记忆犹新。

东永安村比较重视文化教育。据说，1942 年前后，国民党山东省保安第三师第五团李树贵统治时期，东永安村曾办过农民识字班，那时没有教材，时办时停。1947 年左右，村内兴办妇女识字班，有冬学、夜校，倡导“百字先生”“能者为师”，提高村民文化水平。1948 年，东永安村小学有 4 个班级，5 名教师，156 名学生。1957 年，村里组织 14～40 岁的文盲、半文盲入学，办起了扫盲班、识字班。即便在经济困难时期，村内上学读书的孩子也很多。20 世纪 70 年代，村内还建有一所初中，后来因村落规划被拆毁。1981 年，东永安村小学有 10 个班级，298 名学生，11 名教师。当时村内幼儿园有大班和小班两个班级，共有 60 名儿童。① 目前，村内仅有 1 家幼儿园，孩子读小学、初中则需要去西永安村或昌邑市、潍坊市。村内现有卫生室 2 家、超市便利店 5 家，另有 1 家饭店，由附近渔洞埠村村民承包经营。每年农历正月十四，前来赶庙会的人较多，由于村中接待能力有限，人们常去西永安村饭店就餐。

三、挖渠抬田

（一）湖区生活

作为湖岸村落之一的东永安村，传统生计方式是以农业为主，兼顾编织等小手工业。早在明清时期，手工业作坊就相继出现，主要有编筐、编草帽等。这些手工业，都是以家庭为主的个体小手工业，主要生产日用品，少数是带徒弟或雇佣几个伙计的小工厂类型，规模较大，多数是前门市、后作坊，从业人员多数兼种少量土地。② 这种生活传统的形成，基于两方面的原因：一是由于具有丰富的湖泊资源。村民依湖而居，湖泊所盛产的芦苇和番蒲

① 参见双台乡史志编纂小组编：《双台乡志》，第 215 页。
② 参见双台乡史志编纂小组编：《双台乡志》，第 86 页。

等水生植物，为村民提供了丰富的渔业、蒲苇、莲藕等自然资源。或许因为物产富饶，清代昌邑县还新设了永安集市。[①] 二是由于地处滨海涝洼区域，土地盐碱化严重。东永安村土地是典型的盐碱涝洼地，并且古湖泊干涸后，洼地土质成为黑潮土，几乎无法种植庄稼。当地流传着民谣："盐碱滩，洼草场，穷人愁断肠；涝年蛤蟆叫，旱时白茫茫；风旱虫灾颗粒无，十年就有九年荒。"为了弥补盐碱贫瘠的土地资源造成的贫苦生计，人们逐渐发展出渔业、运输业、编织业、水稻种植业等，成为典型的兼业劳作模式。

为避免涝灾及盐碱化土壤，人们耕作类型多以沟洫台田[②]为主。自明初村民定居以来，人们便不断地修筑台田，这是人类适应盐碱洼涝地区的一种生存智慧。可以说，台田是从迁居开始就已有的农业传统。随着族群人口的繁衍，本就面积不大的高埠无法满足生活的需要，人们开始围湖造田，更多的草滩荒地被开垦出来。村民齐乃信说道：

> 老人迁来了以后开始种埠子地，那时人口少，后来人口慢慢地增多了，埠子地不够种的，收的粮食也不够吃的。这洼里都是水，为了种庄稼，就用筐、铁锨开始垫地，将地抬起来。这样到六七月雨季时，雨水就能排到沟里，就淹不着庄稼了。[③]

在村民的记忆中，这一带土地种植条件相对较差，祖辈们定居后大致经历了在高埠种植到改洼治碱、整修台田的土地开发过程。据说，在这一过程中，人们把表层的碱土去掉，再用箩筐将高埠子上的好土运往田地，逐渐垫起来，以改善土地的盐碱化。有时村民还直接在田地四周挖出沟壑，将中间垫起，这样既可以治碱防涝，还可以在沟中种些芦苇、莲藕，养些鱼虾。村民齐忠华介绍：

> 四五百年前，老人们就开始用筐子盛上好土抬田。后来人口开始增多，埠子地不够种的，既没有化肥，也没水浇地，粮食产量低，只能靠

① 乾隆《昌邑县志》记载了乾隆时期的市集情况，昌邑西乡集市除原有王耨集、龙池集、白塔集、双台集、辛置集外，又增设马渠集、瓦城集和永安集共三个集市。[参见(清)周来邰纂修：乾隆七年《昌邑县志》卷二《市集》]

② 台田的具体含义略有不同，但大体呈现为抬地及排水网络结构特征，其模式的类型也比较广泛，可以指与排碱沟组成完整系统的条台田模式，也可以指由台田与鱼塘，或者台田、鱼塘与稻田(藕田)组成的生态农业系统。(参见栾博：《台田景观研究——以山东东营为例》，北京大学硕士学位论文，2007年)

③ 齐乃信，男，东永安村人。访谈时间：2014年7月20日。

天吃饭。老人们说洼地里有些好地方(轻微盐碱),春天可以种些高粱、谷子,但是6月份来大水后,都被淹没了,村民就没有了收成。老辈人开始总结经验,用筐盛土,造一些大概1米多高的台田,周围就成了沟湾,这样既能排水,庄稼也不会被淹。沟里会长些耐碱耐旱的蒲苇、柳子,也会长些鱼虾、毛蟹。永安鲫鱼就是田沟里天然生长的。①

这一带盐碱荒地、湖沼泽地较多,使得东永安村村民必须不断改造土质,如抬田、改洼治碱,以适应农业生产。经过挖池抬田,田上种植粮棉,田下沟渠养殖鱼虾。当地流传农谚:"碱地多挖沟,一秋赶两秋。"

东永安村农田耕作制度主要分为四种类型:一年一作、二年三作、一年两作和一年多作。一年一作制,是春季播种生长期长的高粱、棉花、地瓜、花生等作物,秋收后土地休闲,翌年调茬仍然种植春作物,这种耕作制度的缺点是土地利用率较低。二年三熟制是20世纪50年代以前潍北地区主要的农作物耕作类型。20世纪50年代中期后,一年二熟制的面积逐步扩大,二年三熟制的农作物种植面积压缩,普遍采用小麦套种秋玉米或接种秋大豆。在明清时期,永安一带村民还引湖水灌溉,种植水稻。清康熙《昌邑县志》载:"稻,水旱二种,永安稻佳。"②另,"昌邑农民自古善种水稻,直至清乾隆年间,水稻仍居重要位置,尤以双台永安一带享有盛名。清末,因水源不足而停种"③。据村民说,村民除了种植水稻外,还修筑一些台田种植黍子、玉米、大豆等农作物,台田沟湾生长蒲苇、荷藕,沟岸上荆条、棉槐、柳子丛生,形成了台田、稻田、鱼塘(藕田)的三元生态农业结构。同时,人们还发展家庭手工业,如编织业。村民会利用苇子、蒲柳等编织筐篓、提篮子、鱼笼、家堂帘、炕席、蒲团、地毯等,还会用农作物秸秆来编草帽辫,将所编织的工艺品拿到集市上去卖,以补贴家用。

至民国时期,因湖泊逐渐干涸解体,大小河流水量也明显减少,水源不足,村民不再种植水稻,开始大量修筑台田,接雨压碱,浅耕晒垡,以种植高粱、玉米、禾黍、地瓜、麦子、豆子、糜子等为主,并在沟渠内种些莲藕,还会自然生长出许多鱼虾,成为台田、藕田的二元结构。据说,当地所产的莲藕口

① 齐忠华,男,东永安村人。访谈时间:2015年2月3日。
② (清)许全临纂修:康熙《昌邑县志》卷四《版籍志》。
③ 山东省昌邑县志编纂委员会编写:《昌邑县志》,1987年编印,第120页。

感清脆甘甜，在整个县内颇为有名。民国时期昌邑县农林调查报告提道："昌邑特别出产品有薯、芋……莲藕，其莲藕多产于城西永安洼内。"[①]台田下面尽是水沟，尽管水只有膝盖深，可收获时依然会给村民带来不便。每当秋收时，村民会用绳子捆上粮食，用扁担挑着，或者直接把高粱头、谷子穗剥下来放到簸箩里挑着，蹚着水运输。村内富裕的地主则把牛套在木轮车上拉着，赶上雨水较多的年月，水会比较深，地主就使用小船来运输庄稼。

（二）生计变迁

中华人民共和国成立以后，国家政策对于当地的地理环境与农业生态有着较大的影响。作为华北平原村落之一的东永安村，初看与其他村落几无差别，但因其地处"边缘"，荒地较多，又兼生态恶劣，多为盐碱涝洼地等，国家对于这一带的综合治理较多，如修筑台田、垦荒、改洼治碱、村庄规划、兴修水利工程等。国家大规模的环境治理，尤其是以国有农场为代表的土地资源分割，不仅使得当地生态发生了重大改变，而且影响了传统的人地关系以及沿袭已久的乡土人文传统。

1. 潍河治理

潍北地区境内有潍河、虞河、白浪河三大水系，均依地势自南向北流入渤海莱州湾。其中，潍河对潍北地区的人们生产生活有着重要的影响。20世纪50年代以前，潍河经常泛滥决口，在当地以"坏河"闻名。1958年，国家在潍河中段、昌邑南部修建了峡山水库，将峡山水库的水源引向各个小河流及昌北，如永安、龙池一带。后因农业结构的调整，并且峡山水库的输水河道年久淤塞，且水库农业用水量被工业用水和城镇生活用水挤占，导致农业用水量逐年下降。[②] 因此，以河水为主要灌溉渠道的昌邑北部，常遇干旱。村内打机井比较困难，因为受邻近渤海盐碱的影响，地下水资源偏咸，向下打3米左右都是咸水，打150米深井才是淡水，但是得花费五六万，并且容易淤塞，没过几年便抽不上水了。可以说，东永安村村内农业耕种面临的最大问题是水资源的缺乏。昌邑地势南高北低，过去潍河、白浪河、虞河等河流的水量较大，在北部下游地带常常决口乱淌，尤其是潍河，几乎年年决口，下

---

① 《山东省各县农林状况报告·昌邑县》，1931年。

② 参见徐晓军：《峡山水库昌邑灌区发展问题及对策》，载《山东水利》2012年第1期。

游地势低洼,湾塘泽薮较多,可以承担一定的蓄水功能。这些主河道几经治理,尤其是潍河中段修建峡山水库,导致下游水量很少,小河流几近干涸。即便有少量河水,也都是潍河上游工业排放的污水,但是依然被村民用于灌溉。村民还时常庆幸有这些污水,觉得总比没有强,有时污水慢慢沉淀以后,水质会稍微变清。[①] 昌邑、潍坊的企业,如化工厂、印染厂、制药厂等排放的污水经过简单处理后,便排向大大小小的河流,最终进入渤海莱州湾。这些污水沉淀以后较为清澈,便可以浇地,但是污水灌溉也时常毁坏庄稼,导致颗粒无收。2015 年 6 月,村民从阜康河内取水浇地,由于河水被污染,村内 50 多公顷的耕地颗粒无收,损失惨重。并且,这些用河水浇过的地块几乎寸草不生,河边柳树叶子全部枯萎。据村民说,当时河水像平常一样看上去很清,从表面上看不出任何问题,但浇完地后没多久,小麦就慢慢发黄、发白,直至枯萎干黄。在土地受到污染以后,村民曾尝试过种玉米、豆子,虽然能发芽,但长到 10 厘米左右时,便又开始发黄枯萎,短期内土地已经无法耕种了。[②] 可以说,由涝转旱的地理生态变化,与国家对于河流的管理控制密切相关。

2. 改洼治碱,种植水稻

1964 年,因特大海潮侵袭,村民开始响应政府号召,引水治碱,试种水稻,恢复台田、稻田、藕田的三元农业结构。1964 年 4 月,潍北地区遭受特大海潮,水位达 3.8 米,侵入内地东西宽约 29 公里,南侵约 30 公里,永安、博乐埠遭害尤甚。[③] 这次海潮使得潍北一带大量房屋倒塌,农田被淹,北部龙池王家庄子一带田地积海水 0.5 米以上,淹没时间长达两天两夜,退潮后,土地盐碱加重。于是,以北部龙池为主首先响应"农业学大寨"的号召,引水治碱,试种水稻。稻田整好后,先浅翻细耕,以抑制盐分继续上升。第二次耕翻后不耙,使盐分集中到土块表面,提高洗碱效果。泡田洗碱时,深水漫灌,先泡透土块,水下渗后,再灌第二水。灌溉洗碱次数,根据潮水深浅、停留时间长短和土壤渗透性灵活掌握……这种方法为全县改造涝洼盐碱地闯出了

① 齐乃信,男,东永安村人。访谈时间:2014 年 7 月 20 日。

② 参见张少华:《潍坊昌邑东永安村 800 多亩地受损——上游一企业排污所致》,载 2015 年 6 月 16 日《潍坊晚报》。

③ 参见双台乡史志编纂小组编:《双台乡志》,第 43 页。

一条新路径。[①] 于是,1965 年左右,双台永安等其他地区也开始效仿龙池,引水种植水稻、改洼治碱,力图实现政府所号召的“江北变江南”的鱼米之乡面貌。当地流传着“要叫碱地生效,赶快开沟种稻”的农谚。对于这次水稻种植,村民有着深刻的记忆。据说,当时政府专门在昌邑县城开设了为期半个月的水稻种植技术学习班,村中每个生产队派一位村民前去接受培训,培训内容包括催芽、插秧等。当年先在潍北洼地试种了约 20 公顷水稻,收成还不错,于是村民便将洼地大面积地改为稻田。水稻种植面积多达 60 多公顷,每亩产量最多时达到 400 公斤,村落水稻种植持续了近 10 年。因为峡山水库水源经常断流,水源不足,村民便不再种植。但经过这段近 10 年的水稻种植、灌溉压碱,永安一带的盐碱洼地土质发生了一些变化,由潮土和盐土经过水耕熟化演变,形成一种新土类型——幼年水稻土。[②]

据村民说,在集体经济时代,小麦年产量很低,每亩仅有 20 多公斤。因为粮食产量不足,村民多拿大米去外地如龙池、潍县、安丘、昌乐等村庄换地瓜干、高粱等。一公斤大米大概可以换七八公斤地瓜干。村民之所以拿大米去换,一是大米可以换取更多的食物以便保证全家人温饱,二是大米并非节日礼仪场合使用的必需品,在节日及日常生活中不占有重要位置。小麦则不同,各种礼仪场合都要用到。

3. 台田改造

1949 年以来,当地不断加大台田改造工程。除了村民自发地修筑小型台田外,自 1955 年始,在“小型为主、队办为主、当年见效为主”的水利方针指导下,政府开始在潍北

台田一角

① 参见山东昌邑县王家庄子大队:《改洼活碱,八年巨变》,载《土肥与科学种田》1973 年第 6 期。

② 参见双台乡史志编纂小组编:《双台乡志》,第 40 页。

洼地大规模地推广条田、台田工程。[①] 至1980年,昌北近2.5万公顷洼地全部条田化,并达到了有灌有排的治理标准。通过上灌下排,北部沿海土地碱化程度有所减轻。[②] 2003年前后,当地政府出资约2600万元,治理东永安村等周围村落的盐碱低洼田地,再次统一改造台田。经过这次台田改造,村落最北部低洼地原来高高低低、大大小小不规则的台田,成为较为规整的条田。每块条田长约100米,宽约50米,周围是壕沟。2016年10月,政府又出资整理东永安村一带的台田,目前正在进行中。

4.后农场时代

经过村民不断的修筑台田、改洼治碱、平埠填洼,村落的耕地面积逐渐增加。至20世纪80年代,东永安村“有耕地4339亩,旱涝保收田800亩”[③]。至2016年,有530多公顷。除这些耕地外,村落还拥有不少荒地。东永安村北部至渤海莱州湾约30公里几乎没有村落,多为盐碱荒草地、湖沼地。在潍北一带垦荒是村民一直以来进行的农业活动。1949年后,当地政府在村落北部开始进行大规模的垦荒,修筑台田,将荒草地、碱地开发种植。1952年,政府开始征收村落土地在北部兴建潍北农场。潍北农场成为政府劳动改造拓荒创丰收之地,当地村民常称为“劳改区”。辖区面积49平方公里,可耕地面积约22平方公里。农场修建征收东永安村、西永安村及东北部龙池镇白塔村等附近村落的土地,其中征收的永安北部荒洼土地计约53平方公里。[④] 为了与这些村落廓清边界,政府便围绕农场四周开挖了丰产河,作为潍北农场与周边村落土地的边界,这种人工河便成为“村”与“农场”的边界。自1949年以来,经过不断地开垦荒地,“立足推进农业科技进步,发挥集中统一管理的自身优势,致力于良种基地的建设,潍北农场现已建成良种繁育基地2万亩,原种基地200亩”[⑤]。改革开放后,潍北农场归还东永安村及周边村落部分土地,其中,归还东永安村千余亩。这部分土地成为村委集体土地,很多村民参与承包,也有村民直接去承包潍北农场田地。村民对于村北部

① 参见山东省昌邑县志编纂委员会编:《昌邑县志》,第184页。

② 参见山东省昌邑县志编纂委员会编:《昌邑县志》,第184页。

③ 双台乡史志编纂小组编:《双台乡志》,第63页。

④ 参见双台乡史志编纂小组编:《双台乡志》,第6页。

⑤ 王彬:《科技之光普照潍北大地——’96潍北农场小麦良种观摩会侧记》,载《山东农业》1996年第7期。

的低洼田地都有特定的称呼，如“胡桐地”“雁洼”“噶沟儿”“老牛道”“地洼”“王井”“王沟儿”“牟大湾”“丛大沟”等。这些田地狭长，下地干活通常要走三四公里路，耕作相当劳累，再加上涝洼地湿气重，村民年老后腿脚都不太灵便。①

时至今日，村落的农业结构基本以台田为主，台田周围的沟渠偶见蒲苇田、藕田，少养鱼虾，成为较为单一的台田景观生态。至今永安一带存有的苇田面积已经很少了，但西永安村还存有原生态芦苇地 466.7 公顷，主要位于村落北部瀑沙河沿岸一带，已不作为生计。唯一还存有苇田及编织业的村落，便是位于虞河沿岸的渔洞埠村了。该村位于西永安村东，相隔瀑沙河，村东为虞河水系支流。因紧邻较为清澈的虞河支流，所以水源相对充足。村内以编织炕席、苇箔、帘子、箩筐、蒲团、鱼笼等为业的人虽已不多，但村民对于编织技艺如数家珍，村内老人会编些炕席拿到集市上售卖。民国时期，渔洞埠村经济水平在潍北一带算是比较好的。当时村内还设有“人市”，即人力资源劳务市场，很多周围村庄如东永安、西永安、兴福村等村民扛着锄，拿着铁锨，早晨就来此地等待。村内家户有需要雇工的，便前去挑选。1939 年，寒亭固堤的一个汉奸领着 7 个日本人来村里，放火将渔埠村一带的芦苇、房屋几乎全部烧光，村民损失惨重。从此以后，渔埠村经济逐渐穷困，村内自发形成的劳务市场也不复存在。②

尽管经过挖渠抬田、引水治碱以及机械化的台田改造，土壤碱化有所改善，但逢干旱年头，土壤盐分逐渐积累，仍会恢复盐碱面貌，村民就只能种植棉花、玉米、高粱、小麦、花生等耐盐类作物，尤以种棉花为主。东永安村一带是昌邑市棉花生产的主产区，2013 年棉花种植面积达 24 平方公里。近些年当地的小型棉花加工厂多已停业，村民便将收获的棉花卖给前来收购的小贩，由他们将棉花运输到东营市的棉花厂加工。雨水充足的年月亩产量约 300 公斤，逢干旱则最多能收获二三百公斤，基本属于“白忙活”。因此，近两年很多村民不再种植棉花，改种香菜籽，每亩地香菜籽产量约250 公斤，每公斤 4 元左右，这样每亩收入可以达上千元。并且，收获香菜籽后还不耽误种植下一季的玉米，比种棉花合算多了。种植花生每亩产量约 500 公斤，每

① 齐乃信，男，东永安村人。访谈时间：2014 年 7 月 20 日。

② 李秀文，男，渔洞埠村人。访谈时间：2014 年 10 月 5 日。

公斤大约1.5元，同样也比种棉花合算。还有村民在村北部用大坝来储蓄河水，种植藕田，养殖鱼、虾。村内承包种植藕田的有四五十户，每年要向村委交纳承包费用。东永安村有数十户村民在村北台田沟内养鱼，尤以鲫鱼为多，“永安鲫鱼”是当地的一道招牌菜。村民常说：“有水就有鱼。”过去东永安一带地势低洼，雨量充沛，沟渠水多，芦苇丛生，因此鲫鱼非常多，村民经常去河洼内捉鱼。村内还有两三户村民养虾，虾池要用地下卤水与黄河淡水进行掺和，形成咸水，适合养虾，到7月份再将咸水排出，以便拿网收虾。

土地的贫瘠促使村民逐渐外出包工包揽建设工程项目，经济水平因此得到很大提高，村民的视野也逐渐开阔。村中至今有数百位建筑行业的包工头，主要是从事楼房建筑、道路建设、水利修建工程、楼房维护、拆迁等业务。其中，楼房建筑者收入较高，年收入多者可达数百万。村中的青年多在昌邑、潍坊以及胶东一带打工。村内的台田多由老年人耕种或承包给其他村民。老年人有时也会在家为附近工厂编织篮子和地毯。这些产品多用于出口，工厂定时将原料发放给愿意编织的村民，让村民用细塑料管编成0.5米高的篮子。编织篮子颇费工夫，每天最多能编织2个，每个篮子加工费用是3.5元。

第二章 家族生活

东永安村主要有三大姓，即齐氏、吕氏与丛氏。在村落日常生活中，丛、吕两家族经常一起共事，合作较多，齐氏家族往往自行其是，较为独立。东永安村是个注重家族生活的村落，在以齐家为主的村落政治权力格局中，丛、吕家族联盟形成家族生活的一种节奏，村落中的人生仪礼、宗教信仰与艺术传统无不受此影响。与家族相关的传说与历史，时常成为村民拉呱（闲谈）的话题，而对于家族关系格局有着重要影响的传说故事，尤为人们津津乐道。

一、历史传说

在东永安村，流传着众多传说故事，如孙膑神灵传说、“四大门”仙家故事以及与土埠相关的“藏宝”“拾宝”故事等。尽管村民对于这些传说故事已经耳熟能详，却还是经常提起，咂味其中的神秘与神奇。特别是晚清时期“长毛扰村”的一段历史，被村民反复讲述，并与村西孙膑庙以及相关的祭祀仪式相联系，鲜活而生动。

东永安村村民所说的“长毛”，就是清朝咸丰至同治年间的捻军[①]，在地方志中则多称“捻匪”，或称“捻子”“捻党”，“每一股谓之‘一捻子’，小捻子数人、数十人，大捻子一二百人不等”[②]。早在嘉庆年间(1796～1820年)便形成了规模，遍及整个皖北及豫东地区，以至出现了整村整族均“结捻”的现象。太平天国运动爆发后，特别是在北伐军进军皖北的推动下，捻首张乐行“与龚瞎子、王冠三、苏添福、韩朗子，各竖旗帜”，举兵抗清，先“纠邀”攻打河南马牧集，继围亳州13昼夜，后回师老家雉河集。咸丰三年(1853年)正月，皖、豫边境冯金标、张凤山，亳州宋洪占、陈起生等18铺捻首，在宿、亳、蒙共管亦即“三不管”的雉河集会盟，共奉张乐行为盟主，分五色旗，祭旗起征。从此，捻党成为捻军。[③] 咸丰七年(1857年)春，雉河集失守，主力被迫向南转移，并与太平军会师淮南，开始合作。此后捻军的武装斗争在更为广阔的区域展开，捻军主力战于淮南，淮北捻军除了在当地战斗外，还不断远征苏北、河南、山东等地，开始转战外地。同治四年(1865年)四月二十四日，捻军赖文光、张宗禹、任化邦等率部全歼僧格林沁清军于山东曹州高楼寨。这一年，朝廷诏曾国藩赴山东督师剿捻。同治五年(1866年)十一月，朝廷命李鸿章署理钦差大臣，负责剿捻。同治七年(1868年)，捻军最终在山东茌平徒骇河边被清军剿灭。

捻军在昌邑境内的活动，主要集中于清朝咸丰十一年(1861年)至同治六年(1867年)间。张洛行、刘天福、赖文光、任化邦等率捻军主力三次转战昌邑，与清军进行了一场场生死决战。咸丰十一年(1861年)，捻军早期首领张洛行经徐州、曹州进入昌邑境内，提出的口号是“拯救百姓，除奸诛暴”。恰在这一年，云南提督傅振邦因伤病复发，奏准回原籍昌邑养病。清廷遂命傅振邦督办民团，兼督登、莱、青三府。傅振邦以旧伤复发未愈为由，上书辞掉了督三府之事，专任团练一职。他与县令聂莹思重布昌邑防务。光绪《昌邑县续志》记载了咸同年间捻军在昌邑的具体活动情况，构成了区域历史中

① 捻军(1853～1868年)是一个活跃在长江以北皖、苏、鲁、豫四省部分地区的反清农民武装势力，与太平天国同时期，前后长达15年。

② 陶澍：《条陈缉捕豫皖等省红胡匪徒折子》，载聂崇岐编：《捻军资料别集》，上海人民出版社1958年版，第6页。

③ 参见毛立平：《十九世纪中期安徽基层社会的宗族势力——以捻军、淮军为中心》，载《清史研究》2001年第4期。

的重大事件，对于东永安村一带民众生活的影响无疑是巨大的。据载：

咸丰十一年，辛酉春二月，捻匪寇昌邑。安徽捻匪张洛行、附洪逆煽乱，号曰“捻子”。徐州及山东曹州等处土匪附之，到处杀掠。二月二十二日至邑南境，杀虏南孟、北孟、新庄等村男女百余人，辉村、日戈庄，亦抢掠一空。

……秋八月，捻匪屠掠全境，至十月始去。贼首刘天福、天祥等，分五起自南来，每起约数万。城中戒严，邑令聂莹思率城绅姜汝昣、刘兰洲等团练民丁悉力防守。贼知有备，越城大掠东北两乡，转掠南境，往来蹂躏，备极惨酷。时少堡堑东北居民多逃，海滨联众自保卫之。以车贼谍知踵至，肆意杀掠，妇女抱子投海者甚众。在籍礼部主事张殿栋率民勇御贼于吕桥，以贼众败回，被杀二百余人。贼自八月初八日入境，旬日间连破后流河、朱家寨、石湾店、高戈庄、邢家、苗家上疃、东山阳、白衣庙、龙湾头九处民圩，白衣庙杀伤多至二千余人，余亦数百人。初贼入南境，先围高阳圩，连攻两昼夜，负板戴釜，蚁附而上者数次。圩中男女抵死固守，毙贼二百余人。贼计窘而去。九月十五日，傅振邦遣营弁程楠森南乡团勇数百袭贼于南游庄，杀贼数十人。楠森亦伤左臂。二十一日有大股贼在防岭一带结垒聚粮，为久居计，游骑四出焚掠。傅振邦约人和团长刘化鄘，众和团长姜声溥，高阳、沂塘圩长张贵三、焦子杰等，纠本邑及安邱、高密团勇数千人，令楠森及服弟振敖分统，于二十九日夜袭贼于包甲庄、殷家楼。楠森首入贼营，刃逻贼，放号筒，团勇竞进，杀贼数百。贼仓惶奔，拔出难民三十余人，获牛马器械无算。十月朔，又于防岭、包甲庄分东西两路击之。西路溃，团勇死者四十余人；东路毙贼百余，贼由是惧，夜遁。冬十月，知县聂莹思，在籍云南提督傅振邦定土匪，戮其首。时捻匪寇境，邑令率城绅举办团练，土豪渐生觊觎，密约四乡豪猾，假团练日习刀棒，约日举事，计泄。邑令潜约傅振邦于初八日调乡勇数百伏署内，置酒招之，缚其为首者二人戮之，焚其名籍，余党悉定。

同治六年，丁卯夏五月，捻匪东窜扰昌邑。贼首任住、牛索子、赖文光等，自济宁州渡河东窜。二十五日过邑境，自辰至未络绎不绝，后哨宿城南庄头一带，烽火照城内。二十七日，东抚丁宝桢统兵追至胶莱河，贼窜登州。六月，捻匪寇莱州，官军次昌邑，筑大墙御之。秋七月贼自新安庄偷渡。时各村圩成，坚壁清野，贼无所掠，东寇莱州。李爵相鸿章驻节济宁，提调诸军，建议于胶莱河西岸筑大墙防其西窜，俟秋凉击之。为一举荡平之计，本境大墙南起流河村，北至新安渡，延长百五十里，役民夫万余人。提督刘铭传、宋庆总镇王振起、王心安，藩宪潘鼎新分防胶潍西岸。嗣贼于七月十九日夜乘风雨自新安庄渡潍，袭破官军西窜，各军尾追。十一月十二日，贼返奔至刘家埠等处，势已狼狈，各圩炮击之，不敢返顾。提督郭松林自辉村迎击于潍上，众寡不敌，官军被伤，贼自此西向远扬，阖邑庆安谧焉。①

从上述关于昌邑捻军活动的详细记载可以看出，因为清军的围追堵截，捻军曾多次“侵扰”昌邑，扰乱了当地民众的正常生活与生产秩序。因捻军人数众多，军力雄厚，昌邑乡民受损严重。捻军小股力量曾经到东永安村所在的昌邑西北部一带活动。清政府的应对策略是与地方乡绅合作，修建围墙以固守。这一布防措施，阻断了捻军与各村庄之间的联系，使得捻军的流动作战战术受到阻遏；捻军得不到兵源与粮草的供应与补充，处于一种被动挨打的境地。然而，对于大多数村庄而言，用于防守的围墙是依托地理优势而建的，建筑材料多用草泥夯土，并不坚固。村民的兵器也很简陋，没有洋枪土炮，多用钉耙、铁锨、锄头、大土块、石头等作战。这种防御对于大股捻军来说基本上没有作用，但是对于小股捻军却往往奏效。捻军的战略是“不恋战”“不强攻”，常常绕过那些防守坚固的县城，转至乡村抢掠，因而加剧了民众的战乱之苦。

在潍北一带，民众对捻军的评价是多元的。有的认为捻军是杀富济贫的好汉②，有的人则把他们视为是没有仁义、到处烧杀抢掠的“匪徒”。捻军所到之处，民众人心惶惶，生活离乱不定。在东永安村，村民对于捻军入侵村子有着深刻的记忆。村西高埠上的孙膑庙，在晚清时期曾筑有高围墙，作为抵抗捻军的堡垒。每当捻军来骚扰村庄时，东永安村乃至远东庄一带的

---

① （清）陈嘉楷修，韩文衢纂：光绪《昌邑县续志》卷七《兵燹》。

② 比如：“小孩小孩你别哭，过年就来你长毛叔。把些富的都杀了，咱穷的享点儿福。不吃秫秫豆儿，光吃麦子谷儿。”讲述者：王淑贞，女，1914 年生。记录者：姜丽芳，女，1945 年生。采录地点：昌邑柳疃镇阎庵村。采录时间：1986 年。流传地区：昌北一带。（参见于维国主编：《昌邑民间文学集成》，1989 年编印，第 203 页）

村民都去围墙内避乱，有时候一躲便是一星期。[1] 据说，当时土围子墙高10多米，围墙内西南角还有一口水井，供村民生活以及饲养牲口，得以人畜平安。事后，村民每每归因于"孙老爷"的庇佑，立碑记述此事。碑文曰：

当思鬼神之为德也，视弗见，听弗闻，体物不遗。古有明训，今有实验□道，莫若鬼神。邑西中永安村西虎埠，旧有孙子、老母殿两座，赫声濯灵，诚一方之宝刹也。咸丰十一年春，南匪□，乡老议救性命，修围于此。八月间贼至，则围中寂静，火起则返风扑灭□，老幼无伤，莫非神佑之一验也？至同治六年，南匪又至，往来六次，□□庄人等俱以保全，又莫非神佑之一验也？嗣后妆塑神像，演戏围□□盛德矣。而村中媪又以为未足焉，由是约立灯油会一当，每逢初一十五添灯，第见庙内辉煌，池对芙蓉而耀彩神前，灼烁山连笔架，而□□无僧风扫地，无油月为灯者，不判若霄壤乎！惟是悬匾立碣以志，□□□好善之，诚亦见鬼神之德之盛焉尔。

邑庠生齐丙离谨撰　郡庠生吕延年敬书

襄事：丛明伦　吕法成　吕继舜

会首：丛齐氏　吕宋氏

与会：吕齐氏　吕刘氏　吕韩氏　吕陈氏　丛孙氏　丛高氏　丛孙氏　丛冯氏　吕刘氏　吕肖氏　吕李氏　吕刘氏　丛孙氏　丛宋氏　丛肖氏　丛□氏

大清光绪二年正月榖旦

该碑为清朝光绪二年（1876年）所立，是孙膑庙内现存最早的一通。书写者为吕仁寿。吕仁寿，字延年，为郡庠生，曾为吕氏家族祖碑撰文，才学甚佳。撰文者为秀才齐丙离，此次应邀为西庙撰文，意义很不一般。调查发现，晚清时期丛、吕家族与齐氏家族分立的格局已经形成，不仅以埠西、埠东相隔而居，还以西庙、东庙的并置为表征。村西西虎埠上的孙膑庙，属于丛、吕家族，因"南匪犯境"，居于埠东的齐氏家族到村西高埠上的孙膑庙避难。齐氏家族在形式上的参与立碑，正是村内三大家族患难共当的象征。当然，就组织形式来看，孙膑庙立碑活动终究是由丛、吕家族操持的，这从立碑事

① 吕兴茂，男，东永安村人。访谈时间：2014年11月7日。

务中“襄事”“与会”“会首”等人员的安排方面可以清晰看出。另外，碑文中的“灯油会”应该是指由村民组成的善人香会，负责烧香、磕头、上供、添油等，照顾神灵。村西高埠的孙膑庙及土围子，是村落“非常”时期庇佑全村的公共空间，而发生于三大家族之间的暂时“跨界”行为，也将对于村落家族关系有着持久的影响。

围子墙

距清光绪二年(1876 年)立碑 23 年后，村民又在光绪二十五年(1899 年)重新为“南匪犯境”之事立碑。值得注意的是，这次所载香会善人已不再仅限于丛、吕家族的妇女。兹将碑文抄录如下：

碑阳：

盖灵莫灵于鬼神，而老母、孙爷尤鬼神之至灵者也。想当年南匪作乱，邻近村齐集围中，人喧物嚷，震地惊天。及至贼匪一到，而围中寂然无声也，非神灵之一验乎。贼去，而围中喧嚷如故；贼再至，而围中仍寂然无声也，非尤神灵之一验乎。贼尤至，而围东火光齐起，正遇东风，火烟直扑围中，使围中人眼不敢睁，鼻不敢息。诸父老敬祷神前以求风息，即时乾风徐起，而围中忽然清亮也，非尤神灵之一验乎。嗣后，男女老幼凡有急疾重病，良医所不能至，来至神前，无祷不灵，是以人铭感五内。村中媪尤约灯油会一当，迄今□年止。愿悬匾立碑，永志神灵保护之不忘云尔。

郡庠生　吕延年撰并书

董事人　吕存山　吕继增　吕祝寿

光绪二十五年新正月穀旦

碑阴：

首会

吕

侯 宋
氏

李 刘 朱 丛 陈 刘 丛 刘 李 丛 李 侯 齐 李 马 丛 齐 齐
氏 氏 氏 氏 氏 氏 氏 氏 氏 氏 氏 氏 氏 氏 氏 氏 氏 氏

张 马 韩 刘 宋 宋 刘 孙 陈 马 齐 齐 刘 齐 刘 桑 桑 魏
氏 氏 氏 氏 氏 氏 氏 氏 氏 氏 氏 氏 氏 氏 氏 氏 氏 氏

王 宋 李 刘 刘 刘 孙 孙 庞 李 李 宋 马 马 孙
氏 氏 氏 氏 氏 氏 氏 氏 氏 氏 氏 氏 氏 氏 氏

丛

宋 宋 于 刘 丛 齐 吕 张 王 刘 齐 林 李 刘 刘 刘 马 王
氏 氏 氏 氏 氏 氏 氏 氏 氏 氏 氏 氏 氏 氏 氏 氏 氏 氏

李 丁 侯 孙 马 刘 刘 吕 □ 宋 李 刘 刘
氏 氏 氏 氏 氏 氏 氏 氏 氏 氏 氏 氏 氏

齐

陈
刘 马 孙 李 张 刘 吕 李 李 刘 丛 魏 魏 刘 刘 温 □ 刘 侯
氏 氏 氏 氏 氏 氏 氏 氏 氏 氏 氏 氏 氏 氏 氏 氏 氏 氏 氏

马 刘 王 韩
张 曹 吕 齐 李 侯 萧 柳 齐 孙 马 吕 齐 马 吕 吕 丛 徐
氏 氏 氏 氏 氏 氏 氏 氏 氏 氏 氏 氏 氏 氏 氏 氏 氏 氏

刘

马 马 齐 柳 李 宋 韩 李 张 李 孙 李 马 李 张 马 张
氏 氏 氏 氏 氏 氏 氏 氏 氏 氏 氏 氏 氏 氏 氏 氏 氏

仝
具

立碑原因依然是因捻军兵乱而寻求神灵的庇佑，只是把当时具体的情形描绘得更加生动形象了。可见，得益于对“南匪（捻军）犯境”事件的不断讲述，孙膑庙已被赋予了更多的灵验色彩，以至于“男女老幼凡有急疾重病，良医所不能至，来至神前，无祷不灵”。这也说明，此时的孙膑庙已经在东永安村乃至周围乡土村落凸显出来，成为这一带的信仰中心。

饶有趣味的是，这两则碑刻此后常被村内识字之人抄看，在流传中不断被村民添枝加叶，成为家喻户晓的传说：

为什么纪念孙膑？因为那时候，一部分“长毛”来到村里，拿着红缨枪，以前没有枪炮火药，他们只能围着围子墙打，村里人都躲进围子里避难。“长毛”想祸害人，只能用红缨枪打。村民都在上面，他们在下面，根本打不到人。村民就把那个耙地的耙放在围子墙上，然后一掀耙，21根耙齿儿一下子就扎死他们了。那天刮着东南风，他们点上火，打算烧死村民，村民一看就开始向孙老爷求告了。这一求告，天气忽然有了变化，东南风变成了西北风，风向调过来了。风一来后，那些人一看不行，就都跑了。①

村民对这个传说有着不同的讲述，然而大致内容相差无几，甚至在有些村民的叙述中，当时还有人亲见“孙老爷”显身，甚是生动形象：

从我记事儿起，我们村就有孙老爷崇拜了。听俺爷爷说，反“长毛”的时候，三大户（姓）人家都躲进了扎大牛的庙里。以前庙很高，周围有围子墙，前面还有一口水井。“长毛”来的那天刮着大风，刮得黑天暗地的，突然在围子墙上出现了一个人，骑着牛，拿着大刀，村民都说是孙老爷显灵了。自那以后，俺村就扎牛，祭拜他。②

不难看出，丛、吕家族将这次捻军扰境事件作为他们崇拜孙膑的渊源，因为孙膑显灵才得以保住村庄，理应感激孙膑恩德，由此孙膑被视为全村的保护神。时至今日，无论是碑文记载还是丛、吕家族村民的口述，无不强调当时是在“孙老爷”的庇佑下，才使得村内人畜平安，老幼无伤。不过，据村中齐姓村回忆，在捻军入侵东永安村时，其实有一位齐姓村民不幸遇难了：

“长毛”来时，我们就用绳子拴上耙，用铁齿扎他们。当时，在东庙有个湾，湾北地里，原来有个坟，现在已经平了，这个坟就是见证。坟里的这个人是“长毛”害死的。他姓齐，住在村东头。那天拂晓，“长毛”拿着红缨枪来村里时，这个人刚做了些高粱面的窝窝头。那时候，能吃上窝窝头就是好的，就是改善生活了。有人大喊：“‘长毛’来了，快上西庙去！”西庙高，有土围子墙，又有大门把着，村里的人都会上那去躲着。他说：“我这还得吃点儿，窝窝头还没吃上呢。”这时“长毛”就从东边过

① 吕述增，男，东永安村人。访谈时间：2011年10月2日。
② 吕瑞钦，男，东永安村人。访谈时间：2015年3月1日。

来，去了他家，他躲在门后头。“长毛”看到了锅里的窝窝头，就用包袱包走了。“长毛”出去时看见他在门后面，就把他拖到院子里，用红缨枪戳进了他肚子里。他疼得大叫，当时正往西庙跑的人都听到了。“长毛”走了以后，村民们就把他埋到庄后他家的地里。①

据说，这位不幸遇难的齐姓村民死后，被埋到村东北的田地中，尽管他没有后人，村里还是有人时常去给他添土烧纸，以慰孤魂。清末立碑所说“□庄人等俱以保全”，虽非事实，却代表了村落集体对于孙膑灵验叙事的建构，因而广为流传，并对本村家族格局与信仰传统产生了重要影响。村民相关的历史记忆，成为其信仰传统的依托，进而影响到村民的文化逻辑，甚至外化为一种社区组织的方式。尽管民间记忆历史、表述历史的方式是多元的、变化的，但这更显示出记忆素材的重要性，以至于需要不断地追溯其意义。

二、“三大家族”

东永安村的丛、吕、齐三大家族都是明朝迁来的，在1990年所立村碑中提及，三大家族的迁居时间为洪武初年。该碑文载：

各姓族谱记载：齐始祖敬以，祖籍四川省成都府金棠县；丛始祖刚、吕始祖开业，祖籍登州府文登县，均系明洪武初年移至。赵祖赵吉由固堤迁来，陈祖梅生由白塔迁来。九六年马、张两姓相继落户。

该碑以“族谱”作为凭据，然而查阅各家族族谱及祖茔碑刻，除丛氏家族外，齐、吕家族并没有记载迁居时间。在村民看来，三大家族的迁居其实是有着先后次序的，即丛家来得最早，吕家次之，齐家最晚。据说，这在很大程度上是基于地理位置的判断：

俺们村有三大姓，埠东99%是姓齐的，埠西99%是姓吕的，中间这块是俺们姓丛的。姓丛的来得最早，姓吕的是后面来的，姓齐的来得最晚。②

从家和吕家来得时间差不多，可能俺们先祖(丛)是先来的。原来

① 东永安村某村民。访谈时间:2015年2月3日。
② 丛悦明，男，东永安村人。访谈时间:2015年2月1日。

村里大街是一溜埠子，很高，俺们跟齐家也不见面。俺们占的地方全是高埠，都是红黏土，是村里最好的地方。[①]

村里人都说，齐家来得晚。姓丛的来得早，住的地方又高又好，占的土地也好……吕家比丛家住得低点儿。埠(土龙埠)子东边最洼了。[②]

西虎埠上的村碑

关于三大家族的迁居时间，村民口述与村碑表达有着微妙的差异，这显示出村落集体叙事对于民间多元记忆的有意覆盖。在村民看来，丛家住在村中部，这是村落里最好的居住区，全为土埠高地，其田地也相对肥沃；吕家居于村西稍低些的埠子上，两家族迁于村里的时间相差不了几年；稍晚来此

① 丛乐训，男，东永安村人。访谈时间：2015年3月3日。
② 齐乃信，男，东永安村人。访谈时间：2014年7月20日。

定居的齐家则居于土龙埠以东矮埠，地势比西部丛、吕家大约低 2 米。时至今日，这种关于家族迁居的时间，一直是村民津津乐道的话题。村落高埠、湖洼等特殊的地理概貌成为村民判断家族迁居史的佐证，相信这种认知判断在传统社会中会一直存在，甚至成为村民的一种"村落常识"。

（一）丛氏家族

关于东永安村三大家族的历史，以丛氏最为清晰。丛家人谈起他们的来历，总是从文登老家的迁徙说起，有的还会以族谱中的谱序为证。倘若要找村民了解丛氏家族史，村民一般会推荐丛乐训。他是负责家族修谱、立碑以及对外联络等公共事务的关键人物。丛乐训（1932 年～ ）是村里少见的"明白人""文化人"，担任村内婚丧会委员和潍水丛氏联谊会副秘书长，不仅熟知村落历史、庙宇历史以及丛氏家族史，而且还写得一手好字。在多次与他访谈以及查阅族谱后，丛氏家族的历史逐渐清晰。

至今，东永安村丛氏家族已传至三十世，五世祖丛刚为始迁祖，于明初自文登迁至东永安村。在东永安村所收录的《丛氏族谱》谱序中，共载录谱序 11 篇。丛氏原姓金，史载：

> 丛氏世居文登，其先业辽远，固未易考据。然溯穷其自始姓金氏，柳林先茔碑刻有讳永者，乃汉左相金文靖公日磾四十五代孙也。魏曹丕僭号黄初元年，吾姓始祖以勋旧苗裔，避乱自京兆万年东迁浮居。晋泰始初，至不夜丛家岘，改丛姓以名岘焉。不夜者文登之故号，岘由丛姓名也。文登之有丛氏自此始。厥后生齿日繁，宋大观元年，永乃别籍分茔，卜邑北著棋山乾地名柳林者而环葬焉。其外则吾宗人之分穴也。其诸苗裔布散天下，故天下丛氏皆宗文登云[①]。

丛氏这段历史为东永安村村民所熟知，丛乐训更是可以背诵这篇文登丛氏族谱序篇。每次给我们讲述丛家历史时，总会引上几句。文登县丛姓人员众多，有"文登县，丛一半"之说。丛氏家族与文登丛氏的族谱世系可以接续，文登丛氏家族（一至五世及丛刚支系）的世系如下：

---

① （明）嘉靖四十年（1561 年）《丛氏家乘谱序》。

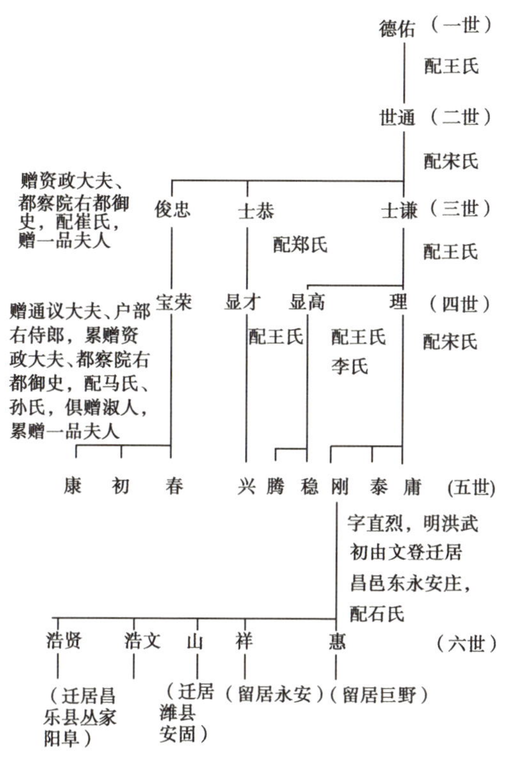

丛氏家族一至五世世系图

之所以将德佑祖定为一世，是因为“自德佑祖而上溯，世系漫不可详，盖缘世远人亡，谱牒不存故尔”①。但是，丛氏族谱中对于一世祖德佑的记载与柳林祖茔元至治元年（1321 年）《丛氏附葬记》②及光绪《文登县志》③中所载差异很大，虽都名为丛德佑，但世系几乎毫不相干。对此，丛氏家族后人更愿意从政治避难等角度予以合理的解释。④ 东永安村丛乐训也谈道：“这次联谱始祖调整了，一世就不是德佑了，丛永为一世祖。（世系）本来很清楚，为了丛兰的功名，将他隐瞒了。当时丛氏家族在元朝做官的人很多。”⑤他所

① （明）嘉靖四十年（1561 年）《丛氏家乘谱序》。

② （元）至治元年（1321 年）将仕佐郎济宁路兖州儒学正邑人孙礼撰《丛氏附葬记》。

③ （清）李祖年修，于霖逢纂：光绪《文登县志》卷五《职官表一》，1933 年铅印本。

④ 参见丛树乐：《〈丛氏附葬记〉碑文与〈丛氏族谱〉中一世德佑祖之后裔支系的探析》，载丛氏研讨会编：《丛氏源潭》第二部，第 78 页。另有学者也持此说，参见孙丽霞：《山东文登丛氏家族研究》，山东大学硕士学位论文，2008 年。

⑤ 丛乐训，男，东永安村人。访谈时间：2015 年 4 月 22 日。

提及的丛兰(1456～1523 年),为文登五世丛春次子,于明孝宗弘治三年(1490 年)登进士,历官南京工部尚书赠太子少保,赐葬青石岗。尽管他是文登的达官显贵,但东永安村丛氏家族中的人大都熟知他,并为自己祖上出了大人物而感到荣耀。在村民眼中,文登与永安家族世系的接续是一件富有意义的大事。据丛乐训说,与文登丛氏家族的首次接续始于清朝乾嘉年间,当时文登有族人来到东永安村以及寒亭安固村,记录了五世祖丛刚后裔的迁居情况。[①] 文登这次主动来接续族谱,还为始迁祖丛刚取了"开基"之名号。于是,村中便有"丛开基、吕开业"的说法,大抵是村民对于丛、吕两家族迁居较早的一种含蓄表达。

东永安村丛氏家族与文登丛家的频繁往来,是在 1996 年以后。1996 年春,潍水丛氏家族为"追本溯源"举办大型宗亲聚会活动,东永安村丛乐训与寒亭丛兴江(潍水丛氏联谊会秘书长)携潍水丛氏族谱赶赴文登。这次去文登,他们瞻仰了文登丛氏祠堂,以及明正德年间(1506～1521 年)任南京工部尚书的六世祖丛兰的画像,同时还观谒了丛氏柳林祖茔和青石岗遗址,最后还与文登互存族谱。同时,他们还接洽文城镇北宫街丛氏家族续谱联谱办公室的顾问丛仲隅,商量了有关续修族谱之事。此后每年春节,丛乐训等都会代表潍水丛氏家族去文登祭祖,参加文登组织的丛氏宗亲联谊会祭祖活动,坚持了近 20 年。丛乐训是个热心人,外出参加这类联谊活动,即使搭上工夫、搭上钱也在所不辞。他还热心支持文登宗族事务的建设。2001 年,文登修建丛氏宗祠,他在村内带头捐助 2000 元。近两年,丛乐训因年事已高,不再亲赴文登,但依然关注潍水丛氏家族与文登的往来事宜。以前常常与他同去文登的寒亭丛兴江,每次从文登回来,都会将一些会议材料以及照片资料留存一份给他。在他家中,除了存有各种族谱资料外,还有各种打印的、手写的宗族联谊的会议资料,十分完整。他很喜欢对来客展示这些纸质材料,讲述文登丛氏家族的宗祠、墓田等情况,很是自豪。显然,文登丛家不仅为东永安村丛家提供了"木本水源"的家族之根的意义,而且使得参与事务者在这一跨地域的家族链接中获得了一种特别的文化意义。

据丛氏族谱记载,五世祖丛刚自文登迁居东永安村后,除长支迁居巨野

① 丛乐训,男,东永安村人。访谈时间:2015 年 4 月 22 日。

外，均在潍水下游区域（即潍坊之地），故多称“潍水丛氏”。潍水丛氏后不断繁衍，散居各地，“属五世刚祖裔族人今居潍水的共计约 9730 人”[①]。1932 年丛氏族谱《正宗说》中记载了五世丛刚后裔具体居住地的统计情况（见下表）：

族人住址表[②]

股公	住址	距城方向及里数
六世长公	永安	止[③]
六世二公	永安	昌邑城西二十五里
	曹郭庄	
六世三公	安固	潍县城北三十里
	北寨	潍县城北三十二里
	杨家营子	潍县城北三十五里
	小庄子	潍县城北三十五里
六世四公	丛家阳阜	昌乐城东南四十五里
	帽子匠家庄	昌乐城东南四十五里
	西丛家庄	昌乐城东南五十五里
	太平店子	昌乐城东南六十五里
	邵家庄子	昌乐城东南四十里
	常家官庄	昌乐城东南五十五里
	黄泥泉子	安城东三十五里
	临朐城	
	丛家庄	临朐城东六里
	张家庄子	临朐城东六里
	陶家庄	临朐城东五里

① 丛兴江：《潍水“丛氏先茔碑”与丛氏之族》，2007 年 8 月 29 日，http://www.congshi.net/index.php? m=content&c=index&a=show&catid=13&id=92，2016 年 7 月 15 日访问。

② 1932 年二十二世孙丛兴周撰：《丛氏族谱·正宗说》。

③ 潍水各丛氏族谱记载：“丛刚长子惠居于永安，无世传。”但在 2015 年巨野丛氏族谱中却记载：“六世长公惠迁至巨野。”

续表

股公	住址	距城方向及里数
六世四公	齐家庄	临朐城东六里
	营子街	临朐城东八里
	吉林	临朐城东九里
	徐家河	临朐城东十三里
	从家河	临朐城东二十里
	陡沟	临朐城东二十八里
	从家沟	临朐城东十八里
	蔡峪	临朐城东六十里
	蒋峪店东河崖	临朐城东七十里
	月庄	临朐城东七十里
六世五公	从家阳阜	昌乐城东南四十五里
	申家庄	安邱[①]城西北三十五里
	安邱城	
	郎东坡	日照城西八里
	和睦官庄	昌乐城东南五十里

散居潍水各地的丛氏后人，在清代联系较为密切，曾多次联宗修谱。首次是在清朝咸丰四年(1854年)，昌邑永安、潍县安固、临朐、安丘等丛氏族人合修，确定了丛氏自二十一世至二十八世的排辈用字。这次联合修谱原由及具体过程，可以从莱郡庠生丛希祥所作序中窥知一二：

有居登州府文登县者，有居莱州府昌邑县西乡永安庄者，有居潍县北乡安固庄者，有居青州府昌乐县东南乡丛家阳阜、太平店子、西丛家庄、东丛家庄者，有居临朐县东乡丛家河、陶家庄、丛家沟、蔡峪、月庄诸村者，不有合谱以维系之，将见支派愈远，情意愈疏，世易代更，其不至视同本共源如路人者几何哉？余素有合谱之志未逮，适甲寅仲春有阳阜平章兄、复礼侄、安固景东叔来请合谱，向余叹曰："吾族离居散处历

① 安邱，今为山东省潍坊安丘市。

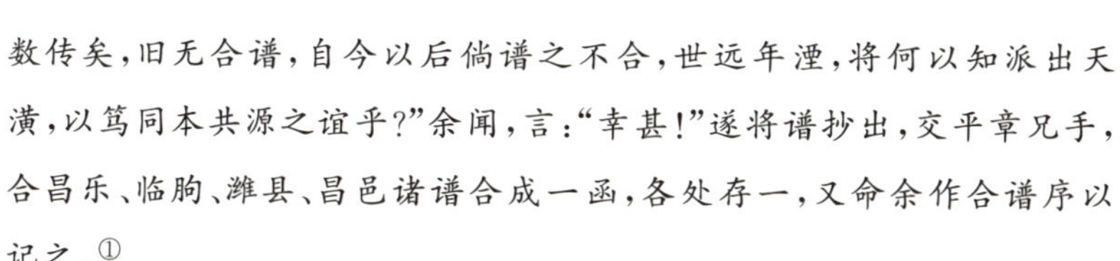

数传矣，旧无合谱，自今以后倘谱之不合，世远年湮，将何以知派出天潢，以笃同本共源之谊乎?”余闻，言:“幸甚!”遂将谱抄出，交平章兄手，合昌乐、临朐、潍县、昌邑诸谱合成一函，各处存一，又命余作合谱序以记之。[①]

可以看出，这次联合修谱是由昌乐县丛家阳阜村的丛平章、丛复礼，安固丛景东等于咸丰四年(1854年)来到东永安村，与居于该村的莱州府郡庠生丛希祥(十八世孙，配刘氏、孙氏)商议合谱。本次合谱的首倡人应是丛氏昌乐支系后人丛荫庭[②]，合谱完成后他请好友昌邑拣选知县赵升献作序。丛荫庭的具体身份并不详悉，赵升献在该序中写道：

> 荫庭与余为忘年之交，其平日居心之厚，虑事之周，有可即是编而想见其大概者。余故乐为之序，以为继志述事者劝，而后此合族缀食，凡可以尽尊尊亲亲长长之谊者，尤于荫庭诸君有厚望焉。[③]

可以看出，丛荫庭当是昌乐丛氏家族中热心公益、较有威望的活泛人。这份序言既显二人情谊，借修谱以扩大家族影响，又光教化之义，显示拣选知县文教之本职。对于东永安村而言，其作为潍水一带丛氏家族的始迁祖居地，本是家族正宗溯源的中心地。身为祖居地的家族精英、郡庠生丛希祥按理更应主动去联络潍水各地的人来撰修族谱，而事实上是由昌乐等丛氏族人主动来永安联络，或许基于此，他才在文中用“余素有合谱之志未逮”[④]为后人作一解释。可见，尽管东永安村在潍水各地丛刚后裔第一次合谱过程中是被动的，但是其在整个潍水丛氏中的家族中心地位无可置疑。咸丰兵乱年间的联宗修谱既是出于正宗溯源的忧患意识，亦是丛氏后人的精英运作。同时，联合修谱也扩大了家族的地域影响力，并对家族内部成员的优越感及宗族教化有着很好的培育。

第二次续谱为同治十三年(1874年)。这次续谱距首次合谱约20年，因“户口日增，生齿益繁，幼子童孙，即年及冠，字其名犹有未登族谱者”，“遍阅

① (清)咸丰四年(1854年)莱郡庠生丛希祥撰《丛氏合谱序》。

② (清)咸丰年间昌邑拣选知县赵升献在《丛氏合谱序》中说:“是举也，倡之者荫庭。”另，昌乐丛平章在同治十三年(1874年)《添续合谱序》中提及:“成之者谁? 余家荫庭兄也。”

③ (清)咸丰四年(1854年)拣选知县昌邑赵升献撰《丛氏合谱序》。

④ (清)咸丰四年(1854年)莱郡庠生丛希祥撰《丛氏合谱序》。

吾丛氏所居庄村，将各户所添新丁一一查考清晰并合谱”[①]。可见，这次主要是在原谱上添续昌乐、临朐、永安等潍水各地的新丁，修正重名者。

第三次为光绪二十四年(1898 年)。二十一世丛传诗在序言中提到丛氏的历史溯源，即丛氏原为汉代左相文靖公后裔，为避祸乱，晋泰史年间迁至不夜，改为丛姓。东永安村丛氏家族成员大都熟悉这则有关丛家姓氏的历史叙事，为文登丛氏的历史渊源进行解释。这种更久远的家族史追溯，使得丛氏村民对于家族历史有了清晰的了解，衍生出一种文化优越感。

第四次为 1932 年。丛兴周在该谱《正宗说》中谈道：

> 吾姓自西迁以来五百余岁。世系不一，繁衍日盛，北联潍县，南至安丘，东联昌邑，西至临朐。宗派分歧，散处各方。每见同姓接谈，不过仅知为同宗，至于彼属何支，此属何股，不能了然，遂致一派之亲，等于路人，数世之尊，视若平等。由是渊源昧，族情涣，人多而散，服近而疏，殊失夫敦宗睦族之谊，良可慨也。兹为救正起见，特具表式，将遐迩族人所居地址，详分支股，载明坐落，列于本编谱序之次，俾后世阅者，皆得晓然于某县某村为吾同宗，属何支股，距离远近，悉有所辨，而知所亲睦云。[②]

谱序撰写者之一为东永安村秀才丛立纲，同时也是这次倡修合谱董事之一。另有东永安村丛立广、丛立敬等参与纂修，最终采用“镌版石印，以图永存”[③]。又因：

> 吾族居处不一，户口又多，生凿尤繁。其间，名次不无重复错谬之病，若不细加考正，恐一误再误。欲考正则不可得，且数十年来族中不乏善言懿行与妇女贞节之可纪者，使不一一登载，令其湮没不彰可乎？[④]

可以看出，该谱本不仅是添续修正族人之名，还收录了昌乐地区丛氏族人的两位节孝安人事迹以及族规族训《劝诫》(内容包括事亲、过哀、友恭、教子、守身、持家、与奸、敦睦、务学、力农以及择交)，比较注重礼仪的教化作用。

第五次为 1995 年前后。东永安村丛氏家族在丛乐训、丛延俊、丛召训等

---

① (清)同治十三年(1874 年)十八世孙丛平章撰《添续合谱序》。

② 1932 年二十二世孙丛兴周撰《丛氏族谱·正宗说》。

③ 1932 年昌邑庠生张晋生撰《重修族谱序》。

④ 1932 年昌邑庠生二十一世孙丛立纲撰《重修族谱序》。

村民的倡议下，于1994年续修了本村的丛氏族谱；1995年春节过后，安固丛氏支系在丛丰东、丛延滋、丛志川和丛云川等族人的带领下，完成了安固支系的族谱撰修。他们得知永安支系也已续修了族谱，并增订了永安支系的命名例。于是，1995年的农历正月二十，安固支系的有关人员赶往昌邑东永安村，在东永安丛乐训、丛召训的建议下，又赶往昌乐丛家阳阜，协商联合修谱的相关事宜。商妥后，于该年的春、冬两季农闲时，续修族谱董事会及代表先后分集永安、安固、丛家阳阜、寒亭等地，商榷潍水丛氏续修族谱董事会组成人员名单、修谱宗旨，协商拟定五世祖刚支系增添的自二十九世至三十八世的命名例及谱序的撰写、族谱的编排格式、字体及印刷等相关事项。[①]

东永安村《丛氏族谱》(1995年)

晚清以来除了上述的多次联合修谱外，潍水各地丛氏家族还常常赴东永安村一起举行祭祖礼仪。就在第四次合修族谱两年后即光绪二十六年(1900年)，昌乐、临朐、寒亭丛氏后人集聚于东永安村祭拜祖先，并修立祖碑。[②] 碑文如下：

碑阳：

丛氏先茔

安固、阳阜、店子、东丛家庄、西丛家庄、丛家河、陶家庄、丛家沟、蔡峪、月庄阖族同立。

清光绪二十六年五月毂旦

碑阴：

盖闻莫为之前，虽美弗彰，莫为之后，虽盛弗传。故尊祖敬宗，圣王

① 参见丛兴江：《潍坊丛氏宗亲联谊会在丛氏2014年续谱联谱工作培训座谈会上的发言》，载《威海文登丛氏大宗祠潍坊丛氏宗亲联谊会发言材料》，2014年3月29～30日。

② 此碑用青石雕琢而成，上圆下方，碑身高1.55米，宽0.65米，厚0.18米。

垂为宪典，亦即仁人君子之用心也。吾始祖讳刚，字直烈，故登州文登县籍，自有明洪武初来昌邑西乡之永安庄，遂世居焉，而兆阡于兹，历有年所。支派别分，异域播迁，桑梓陇墓，茫乎视若秦汉时事者比比矣。若代远年湮，以岁时蒸尝之地，为竖子牧刍之场，甚非先王尊祖敬宗之遗意也。于是阖族共议，植树数十株，隐以为先灵所依，显以表墓门之光。庶春霜秋露，过而兴感，则孝悌之心可以油然生也。但葳蕤弱质，不堪丛伤，爰告族人，永为护持。谨将此意，勒诸贞珉，非敢剖笃孝思也，聊以示子孙不忘云耳。

丛氏先茔

茔地大分四分零五毫。

神路南行至道横阔大尺六尺。

碑文中提到的10个村庄皆为由东永安村迁出、居于潍水流域的丛氏村民的居住地，具体为潍县安固、昌乐县、临朐县。这块祖碑可谓命途多舛：在民国战乱时期，曾受子弹侵袭；"文化大革命"时期因破"四旧"而被推倒；20世纪70年代，改洼治碱、兴修水利时，又被拉去修桥作为桥面。1989年农历二月初二，村民丛乐训带领丛乐奎、丛乐涛、丛兴江、丛兴孝等人，从废弃的旧桥石料中寻回，并捐资、购材将其立在村后西北部的墓田中。1996年清明节，村民丛乐训、丛召训与寒亭丛兴江、丛兴民等，又在祖碑两侧修建一房屋式尖顶，以避免风吹日晒。

可以看出，晚清以来丛氏族人有着浓厚的家族意识，尽管分居各地，依然多次联合修谱，而作为潍水丛氏始祖丛刚所在的东永安村则成为整个家族的中心地。联合修谱、立祖碑，这些活动体现了丛氏后人浓厚的家族意识与凝聚力，同时也是对东永安村的丛氏家族祖居地的强调与认可。明清以来，潍水丛氏族人博得功名者不多，达官显贵更是少见，"考诸谱牒，即名列黉序中者且寥寥可屈指数，又何有于累世显达哉"[①]，永安丛氏仅有一名郡庠

① （清）光绪二十四年（1898年）二十一世孙丛传诗撰《重修族谱序》。

生与一名邑庠生。

此外，丛氏家族还与清代名臣傅振邦有些渊源。据说，傅振邦为昌邑虫埠村人，姥姥家在东永安村，为丛氏家族村民，但族谱上并无记载。虫埠村《傅氏族谱》中提及傅振邦父亲傅长清时载：

> 长清，丕承长子，字洁源，由武生中式嘉庆庚申科武举，原任江西抚州所领运千总，敕授武略骑尉，诰封建威军，诰封荣禄大人。配郭氏，继杨氏，敕封安人，诰封一品太夫人，晋封一品太夫人，生六子。①

显然，傅振邦父亲曾娶郭氏、杨氏为妻，未见有“丛氏”记载。或许是谱中漏载，也或许本无此事，但无论怎样，此事在东永安村丛氏家族中间却多有流传。村民丛正春讲道：

> 听说俺们庄的一个人出村去了，后来没有路费了，回不了家。傅振邦就给他写了个条，走到哪里，哪里要（招待）。咱庄人老实，人家也没多要（钱）。②

在村民的记忆中，傅振邦曾到东永安村祭祖修门楼，使得丛氏家族荣耀一时。据说有一年，傅振邦来东永安村为老人上坟，在村内修起了两进式高头门楼，其后还打算竖旗杆，但因世道变化，旗杆最终没有竖起，门楼也被拆毁。③ 这些传说为村民所津津乐道，使得村落更添一份神奇。

丛氏家族世系明晰，祖上文登丛氏科举辈出、多达官显贵，以及文登修建的规模庞大、庄重气派的丛氏祠堂等，常常让丛氏村民深感荣耀。同时，无形之中这也成为其与村中吕氏、齐氏家族参照中的优势。正如族谱序中所言：“敦宗睦族，以慰先祖。”这是后世子孙孝行的一种体现，而孝道在乡土社会中至为重要。丛氏因世系的明悉，使其拥有了一种历史优越感。

（二）吕氏家族

东永安村吕氏家族，在村落三大家族中人数最少，至今约传20世。尽管同样自文登迁来，但因文登世系已无可考，两地无法接续，村民便以始迁祖为始祖。据说，前几年村民吕成英带领族人前去文登多次寻根，但始终没

---

① 1990年昌邑虫埠村《傅氏二支谱》。

② 丛正春，男，东永安村人。访谈时间：2016年2月20日。

③ 丛兴孝，男，东永安村人。访谈时间：2012年2月6日。

有找到，这让吕氏村民倍感遗憾。吕氏家族自迁至东永安村共三次修谱，除于明隆庆年间毁坏的谱牒外，还有1942年纂修的未竣稿与2006年的新修族谱。在1942年的简短谱序中提道：

原我吕氏，世居山西，遭鼎革之变，东迁文登，复迁邑西李家庄，因新迁之故，改李家庄为永安庄，命名之义，亦即永久长远之意也。至今约二十世。虽子孙繁衍，无多显达者，宗派支庶不甚明了。吾访诸老，据言明隆庆二年村被水淹，谱之损失自此始矣。谱系不清，无法着手。今值日寇乱华，遍地烟起，族下志士恐一时谱被损失，嘱予暂予抄录，以待有志者为之清续。①

1942年这次修谱，是由十五世吕佃显据影轴草创。时战乱频仍，谱系不清，厥功未就。按他所载，吕氏家族共分五大支：

每年影房供奉之礼品是六大件，每年正月初三日按支分下，以此为据矣。不知由何世而起，述不甚明了。今自族谱第七世为据开列如下：

一二支：每年供奉一盘

三支：每年供奉两件

四支：每年供奉两件

五支：每年供奉一件

第一支：孔德（配宋氏）

第二支：秉乾（配赵氏）

第三支：孔宾（配张氏）、孔丕（配王氏）、孔赋（配刘氏）、孔礼（配齐氏）

第四支：孔华（配赵氏）

第五支：孔文（配齐氏）②

吕氏家族祠堂在村中东北角，后来因无人管理塌陷了。据村民说，尽管村内经济好转，但是对于整修祠堂，吕家村民意见不一，因此至今未修。2005年的族谱编修是由十七世孙吕成英、吕富英、吕群英、吕君英及十九世孙吕秀武倡修，并邀请昌邑市历史学会秘书长王伟波协助拟定体例，依次修辑。七世之前，依据1942年正月吕佃显所录影轴底册，虽支系难明，但先祖

① 1942年十五世孙吕佃显《吕氏宗谱序》。

② 1942年十五世孙吕佃显撰《吕氏支系考》。

名讳均历历可考；七世之后，依据各家支影誊录；今世之人则考之户口册档，最终于2006年告竣。本次续修村庄为东永安村、常太屯、葛家庄、寒亭吴官庄四村的吕氏后人，而吕家庄、桃埠、南店、侯富庄则未收录。

东永安村《吕氏族谱》

明清以来，吕氏家族不断壮大，有限的土地与资源使得家族人口不断向外迁居，散居各处，如南店、侯富庄、桃埠、常太屯、葛家庄、吕家庄、寒亭吴官庄七村等。立于清光绪二十年(1894年)的一块祖碑记载了各处吕氏家族联合立碑的情形：

碑阳：

吕氏先茔

茔盘地大约占一亩八分七厘四毫；东永安、侯富庄、葛家庄、吕家庄、南店、吴官庄、桃埠仝立石。

光绪二十年二月榖旦

碑阴：

从来水本于源，木本于根，而人本于祖，所谓源远而流长也。吾吕氏者，自登州府文登县迁居莱州府昌邑县东永安庄，祖茔在西庄东北坡下，数传而后尤迁于此，嗣后户繁人众，各择吉茔，大抵分派支流，皆由于此。茔内有松树七株，明堂五株，本实虽未拨，枝叶已有害，合族议妥，卖京钱一百二十吊整，以作立碑栽树之资。立碑以后，无论坟木茔地，树木蒿草，有人毁伤，按事轻重，现定罚资。大家共议，嘱以为文，予何能文，不敢固辞，直述大略云尔。

郡庠生吕延年撰并书。

这块祖碑不仅讲述了祖先迁居情况，还体现了村民保护祖茔地生态环境的观念。在吕氏族人的迁移地中，除吴官庄为潍县地外，其余各村皆在昌

邑境内。撰文者吕延年是明清以来吕氏家族中唯一博得功名的村民，他还曾为孙膑庙撰写碑文。吕氏家族“虽子孙繁衍，但无多显达者”①。

吕氏先茔碑

（三）齐氏家族

齐氏家族是东永安村人口最多的家族，有“前齐”与“后齐”之分。在村民记忆中，“前齐”迁来时间较早，主要居住在村东南相对较高的地方，而“后齐”则住在村东北的洼地一带。在20世纪六七十年代，村中第十、十一、十二生产队为“前齐”，第十三、十四、十五生产队则为“后齐”。有村民曾谈及，后齐是由“戚”改为“齐”的：

> 后齐本姓戚。传说村后有个裴庄埠，埠内有个姓戚的大财主，家族兴旺。裴庄埠下面有个铃铛湾，湾很浅，却一直未干涸。大财主雇了个“长活”（长工）放牛，原有99头牛，结果赶到湾内再赶上来，就变成了100头牛。大财主就说家道该败落了，于是吩咐长工把自家的那些牛都系上红布，想趁牛喝水时，把那个没系红布的牛抓住。结果没抓住，自

① 1942年十五世孙吕佃显撰《吕氏宗谱序》。

家的牛也都跑了！以前官府衙门门口是大红色的，他们家也弄成了大红门。后来传言他家大门口弄成官府那样是想犯上，想造反，官府就想灭了他。没有办法，戚姓财主迁来我村，改了姓，成"齐"了。①

由"戚"改姓为"齐"的故事，在东永安村甚少流传，未知究竟。在齐氏家族内部，关于"前齐"与"后齐"的划分则另有说法。他们强调"前齐"与"后齐"都是一家人，以前的确有齐家人从遥远的地方赶来，与原居于此的齐家联宗，但现在已经不分彼此了。②

齐氏祖茔碑

20世纪80年代以前，齐氏家族将位于庄北的一间闲屋作为影房(即祠堂)，房屋中央挂着影轴，村民逢节祭祖。如今，每年春节时，村民还会悬挂家堂祭祖，但都是在自己家中进行。齐氏家族目前存有1962年《齐氏家谱》残本，该谱仅有近五世家支谱系，并无谱序。大多数齐姓村民对于祖辈不甚了解，多限于家堂上所追溯的十几代祖先名字，知道家族至今已延续至二十一世，言谈中对丛氏家族完整的族谱与明晰的家族史颇有几分羡慕。由本村迁出的各村齐氏家族，曾于清同治五年(1866年)来东永安村共同修立祖碑③：

碑阳正中：齐氏祖茔

碑阳左侧：茔地三亩三分，东永安、博乐埠、沿村、龙池齐家埠、玉皇庙合立。

碑阳右侧：同治五年二月二十一日榖旦

该碑没有祖先迁居的具体说明，大概是时人亦不知悉。尽管时逢捻军之乱，村民依然前来祭祖立碑。齐家祖茔位于村落东南角，北临芙蓉池，西

① 东永安村某村民。访谈时间：2015年3月2日。

② 齐乃瑞，男，东永安村人。访谈时间：2011年10月2日。

③ 该碑底侧在"文化大革命"时被砸坏，后又补修，右下角刻有"公元1994年2月12日榖旦重修"。

靠土龙埠，东邻阜康河，以前该地称为“凤凰岭”，是小南埠的一部分，高度与村中央土龙埠差不多，形状类似“凤凰展翅”。据说，齐家祖先看中了这块地方是个风水宝地，便将祖茔地选在这里。村中很多官员、能人（才能出众的人）出自齐家，村民将其归于齐氏祖茔的好风水。祖茔旁边有大片松树林，由村里年长者看守墓田。如今，茔地面积有限，新丧者不能埋于祖茔，只能葬在村北田地中。

与丛、吕家族类似，明清时期齐氏家族考取功名者也较少，只有两三位；但民国以来，却有多位齐姓村民在外担任高官要职。如：齐安聚（1919～1963年），曾任中国人民解放军南海舰队副司令员；齐安昌曾任中国人民解放军南京军区空军政治部主任、宁夏军区政委、中国共产党第十二次全国代表大会代表；齐寿元于1946年参加革命，参与解放海南岛等战役，后曾任广东军区某部师长；齐乃贵（1947年～ ）曾任山东省潍坊市委书记、山东省总工会主席、山东省政协副主席、山东省委统战部长等。

据村民齐忠华说，由东永安村迁出的齐氏后人所居村落，主要有家庄、徐林、博乐埠、齐家埠、齐家沿村、铁匠营、玉皇庙、墨塚子村、才子官庄、小营子村，以及龙池、柳疃、寒亭、寿光等地，系明洪武末年、永乐年间或清朝年间移出。龙池支祖齐敬益是明永乐十八年（1420年）移居在距芙蓉池东北14公里的龙池岸。齐家沿村支祖是明洪武末年行商定居于固堤西南1.5公里处。[①] 尽管迁居外地，仍有不少迁出的齐氏村民死后回葬于东永安村南凤凰岭齐氏祖茔地。

自明代以来，东永安村三大家族之间通婚现象较为普遍，尤其是清代以来随着人口的日益繁衍，家族之间结亲现象逐渐增多。时至今日，村落内部通婚现象依然较为常见。正如村民所述：我们村通婚的很多，一般我们姓丛的闺女嫁到吕家，吕家的闺女嫁到齐家，最后齐家的闺女又嫁到丛家了，从老辈儿起就这样。[②] 村民吕世敬讲道：“现在我们村里三大姓全是亲戚。俺母亲是齐家的，俺妹妹又嫁给丛家了，全是亲戚。”[③]东永安村《吕氏族谱》在续写时秉持男女平等原则，男女均入谱，记录了吕氏家族嫁娶情况，标注“娶

① 齐忠华，男，东永安村人。访谈时间：2015年2月3日。
② 丛悦明，男，东永安村人。访谈时间：2015年2月2日。
③ 吕世敬，男，东永安村人。访谈时间：2016年12月19日。

本村”“嫁本村”的非常多。村内通婚现象的普遍，常常使得相互之间辈分发生混乱，村民最后决定用“论男不论女，论近不论远”的原则来论定。村落通婚对于家族关系整合以及村落资源的利用有着重要的影响。

在东永安村，拜干兄弟习俗也很常见，这是密切家族关系的另一种方式。据说在早先时候，只是丛、吕两家族之间互拜干兄弟。时至今日，村内拜干兄弟的现象在三大家族之间都有，尤其是那些在外承包工程的村民，称兄道弟，相互照顾。据村民说，还有因“借命使”的需要而互拜干兄弟的，就是如果某个孩子“八字软”，家长便会找一位“八字硬”的同龄人互拜，俗称“借命使”，祈求一生平安。拜把子兄弟之间，逢年过节都会作为亲戚相互走访，联络密切。可以说，在整个东永安村内部，通婚与结拜干亲是维系三大家族关系的重要方式，同时又强化了家族内部之间的文化展示与竞争，从而使得整个村落保持着持久活力。

第三章 村中四季

乡间生活，日出而作，日落而息，难免有几分单调，好在一年到头，还有各种节庆活动以及村民自发组织的各种曲艺表演。大家聚在一起敲锣打鼓，演戏酬神，乡间生活顿时有了别样的滋味。东永安村村民很注重精神生活，在节庆庙会等“非常”时期，总会举行一些文娱活动，如舞龙、唱戏、扭秧歌等，既增进了村民的亲密关系，也为村子平添了不少生机。

一、逢年过节

与众多华北村落一样，东永安村的节日安排以农耕社会所依附的节气周期为节点，与农业生产之间有着密切的关系，呈现出四季分明的特点。在整个节日体系中，春节占有重要地位。此外，尽管当下乡村社会颇受现代文化的影响，但诸如除夕守夜、中秋拜月、端午孩童系五彩线等古风旧俗依然有所保留。

(一)忙年与过年

传统意义上的东永安村年节，是由忙年与过年组成的，并以特定的饮食与礼仪为标志。年节过得好了，就说“有年味”。一进腊月，村民便开始为过年做准备了。准备活动不仅包括传统意义上的置办年货等，村民还忙活扎制圣物以备年后的祭神活动。其中，丛、吕两家族会合伙扎制大牛，于正月十四庙会时烧掉；齐氏家族单独扎制大马，于正月初九庙会时烧掉。显然，东永安村年节时段不仅意味着吃喝娱乐以及对于种种习俗的遵从，还包括两次隆重的庙会，使得村落年节生活年味儿十足。

腊月初八，是东永安村人进入年节生活的开端，标志着人们开始进入“非常”时段的节庆生活。旧时腊月初八，东永安村民要制作一种由豇豆、绿豆、黄豆、黄米和红枣等熬成的粥，俗称“腊八饭”。有新添小孩的家庭要在村落街道边“舍饭”，等着村民前来领饭。据说，村民还要边打着锣吆喝着边舍腊八饭：“吃腊八饭嘞！”在大年初一时，这些添孩子的父母则要带着孩子挨家挨户要饭，有“腊月初八放了饭，正月初一得要饭”之说。村民认为，吃过“百家饭”的孩子好养活。如今很少有村民煮腊八饭了，大家多在这天早上包水饺，以白菜猪肉和猪肉大葱馅儿的为主。尽管“腊八舍饭”习俗已消失，不过老人们依然会在这天把习俗讲给年轻一代。同时，进入腊月，村内大牛、大马的扎制工作也都开始动工。大牛扎制主要在村西孙膑庙前的办公室进行，大马扎制地点则在村东玉皇庙中。村民白天聚在一起扎制圣物，剪制牛毛、马毛，讨论大牛、大马的扎制细节，聊聊家长里短，晚上则抽时间准备年货。

腊月妇女聚在一起剪花

从腊月二十三到年后正月十六，这一段时间被村民称为“过年”或“过年下”。腊月二十三这天要举行“辞灶”仪式，其习俗与过去相比发生了较大的变化。过去，在这天大清早就要给灶神爷的马喂食，一般是将一瓢高粱或玉米放在灶神前，意为“喂好马后便于灶王爷骑着上天”。晚上祭祀灶神，用纸叠三个圆形的东西，俗称“口袋”，再将叠好的口袋分别放入三个包袱中，同时念叨“灶王老爷上天堂，上天言好事，上天言吉祥，多带人口多带五谷杂粮，不带惹是非”，最后予以烧掉。如今，东永安村村民一般在这天贴新的灶王爷神像，而选择在年三十晚上至正月十五之间的某一天烧掉，多数村民会在年五更发灶王爷，并且烧掉的部分仅是灶王爷神像，上面的节气表则予以保留，以方便安排农事。也有一些村民一直不烧掉，等到来年腊月二十三直接用新的神像覆盖旧的。灶王爷像大都是村民从集市上买的杨家埠年画，一般贴在锅台上侧，烧掉神像后节气表则被揭下来随意贴在不碍事的位置；过去，村民还会在这天吃面条。现在随着生活条件的逐渐好转，都已经改为吃水饺了。在过去，辞灶后，出嫁的闺女不能再回娘家，一直到正月初三送走祖先、收家堂后才可以，当地说法是“看了娘家家堂人不旺”。因此，过去闺女给娘家买的年货都会在腊月二十三之前送到。现在已经不太讲究了。此外，村民认为辞灶以后的日子皆为“好日子”，所以打扫房子的日子并不限定于腊月二十三这天。村民有“结婚不过二十三”的讲究，意思是腊月二十三以后一般不再举行婚礼，因为离年关太近，容易搅乱村民忙年的秩序。

辞灶保留的节气表

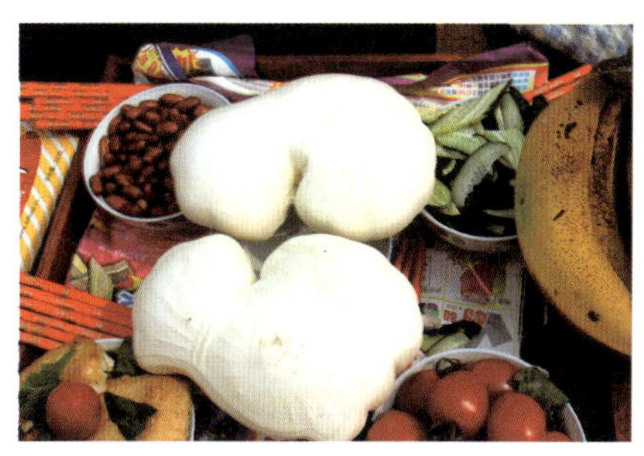

鱼饽饽

辞灶以后，人们便开始准备蔬菜、肉类等年货。男性村民负责购买鞭炮、对联等节日物品；妇女负责蒸一些饽饽和年糕，作为年后回赠亲戚的礼物以及祭祀祖先与神灵的供品。老年人爱吃饽饽，年轻人则喜欢吃年糕。饽饽是用黄米面或面粉蒸制而成的，形状各异，有的上面还会放红枣。另外，有的村民还会用豆、粱、粟、麦、黍、米蒸喜面。现在，村民并不会置办太多年货，尤其是青菜，因为年后正月初四便是本村的集市，招待亲戚时可以现买。

腊月三十，是村民过年最忙碌的一天。在东永安村，具有一定普遍性的活动主要有以下五项：

其一，大年三十早上需要做“菜饭”，实际上是由小米，外加红枣熬制而成的汤，这是祖先供品中必不可少的，村民常将其称为“给老人的饭”。

其二，贴对联，挂灯笼。对联和灯笼大多都是村民从集市上买的。对联内容多涉及平安之意，譬如“平安好运来，新春全家福”“平安接来全家福，和睦迎进满门财”“平安福中福，鸿运财生财”。村民在腊月三十上午贴自家的对联，而村西孙膑庙的贴对联工作一般会在腊月二十九完成。丛氏家族和吕氏家族还会打扫庙宇，悬挂灯笼。在东永安村，各家户还会在大门前挂两只红灯笼，颇为喜庆。

贴春联，挂灯笼

其三，挂家堂，请祖先。这天中午 12 点以后，村民会将家堂挂于堂屋中间的墙壁上。几乎每家都有家堂，其材质以油布为主，长约 2 米，宽约 1.5 米，家堂上有各个朝代的名人画像，两侧画有“大门”，村民解释为“回家来过年”。中间是一个个方格，从集市上买来后，将去世先人的名字写在方格中。家堂下面设置香案，摆有鸡、鱼、肉、蔬菜、点心、水果一类的供品。除水果、糖块外，至少还要有 6 个碗，村民讲究摆双不摆单，一般摆 8 个碗比较常见。请祖先是腊月三十最重要的仪式活动，当地村民称为“请老头子”。仪式通常在年三十下午 2 点左右开始，各家男人陆续开始上坟，请祖先回家过年。将祖先请回家后，村民要摆供品祭祀。供品除了鱼、鸡、白菜、豆腐外，必不可少的是这天早上熬制的“菜饭”。在吃晚饭之前，必须先在家堂前给已故老人磕头。磕头时有辈分之别，通常先是长辈，后是晚辈。

其四，“撒陈草”。一般在院子里撒上秫秸、玉米秸，在屋内撒豆秸，一连三天不能扫地。出嫁的女儿不能沾陈草，否则娘家生活不旺。对此活动，村民有不同解释：有的说“撒陈草”代表有粮食、有吃的；还有说是用来防贼，因为踩上去“哗啦哗啦”响，动静很大，五更时还要在门口放上拦门棍。

其五，除夕夜的“守岁”。东永安村村民将除夕夜视为过年的真正时刻，是谓“十年八年，寅时过年”。此时，主要举行“发马子”敬天仪式和接财神活动。

“发马子”，就是每家每户举行的敬天烧祭活动，除焚烧一些纸元宝外，还必须烧掉一头约0.5 米高的纸猪和一只同样高的纸羊，所谓“猪驮金，羊驮银”。之所以选择猪、羊，是因为自古有“猪羊一道菜”之说。旧时的“猪”“羊”，多是村民自己用秸秆扎制的，外糊黑纸、黄纸或白纸，没时间扎制的村民便去集市上买。对此，清代潍县人裴星川的《竹枝词》写道：“朔风烈烈满城厢，腊八家家煮粥忙。顿觉年关已渐近，街头叫卖纸猪羊。”如今，人们大都去集市上购买，一对猪羊通常是 10 块钱。买回来的纸扎猪、羊要放在院子中，并设香案，摆放饽饽、水果、点心等供品，祭祀“天爷爷”。年三十晚上刚出锅的水饺要先放在猪、羊前，供奉“天爷爷”。

发完“马子”，各家各户几乎同时燃放鞭炮迎接财神。“接财神”很有讲究，据说财神每年到来的方向不一样，事先需要算好财神会从哪个方向来，很多村民也会参照日历牌上的财神偏位来确定。这天晚上，村民还会在院落中供养宅神。在村民看来,每家都有一个宅神庇佑着家人安全,但是村民平时并不供养,只是过年过节时在院内给宅神烧纸磕头。乔迁时,村民需要设案桌,摆供品,包括鸡、鱼、菜、豆腐等 5 个碗,外加 5 个馒头,举行简单的烧祭活动,将原来宅院的看护神以及财神爷、灶王爷、门神等一起迁到新家。此外,丛氏家族和吕氏家族的村民会在年三十晚上来孙膑庙内送供品,烧香、磕头,祭拜孙膑、老母娘娘等神灵;齐氏家族则去村东玉皇庙祭拜玉皇大帝、观音菩萨、路神等。

正月初一是村民一年之中最重视、最隆重的一天。这天早上,村民都要吃水饺。据说,旧时信佛的老年人较多,因此初一早晨的水饺馅必须是素的,一般是白菜和胡萝卜,谓之"素素静静"。现在多是白菜肉、芹菜肉馅,还会包几个红枣和钱币的水饺,据说吃到的村民来年会有好运气。吃完水饺后,村民便开始拜年。在东永安村,春节拜年是一项特别隆重的活动:一是年初一凌晨三四点就开始的家族内部拜年。家族拜年的时间很早,村民一般从凌晨两三点就开始打着手电筒串门拜年。拜年顺序一般是近支的村民一起给长辈拜年,进门后首先在对方家堂前祭拜磕头,再寒暄几句。不同家族之间只是礼节性拜访,但也要在对方家堂前磕头祭拜。前来拜年的人见了屋主,说"给俺××(称谓)拜个年啊",然后跪在家堂前磕头,对方一般会谦让一下不让磕,还会说"磕啥,来了就是头",意为"免礼"。据村民说,家族间走动参与的主要是丛、吕二姓,齐氏家族较少参与。现在拜年时年轻人很少磕头,只是象征性地表示一下,但是 30 岁以上的村民,依然恪守磕头之礼。二是正月初一早上 8 点左右,本村文艺队会举行表演活动,给全村人民拜年。早上 6 点钟,秧歌队成员就已起床集合,将服装、道具、化妆用具等一一准备妥当。7 点多钟,秧歌队头领会在村西孙膑庙燃放鞭炮,以示虔诚之意。8 点

磕头拜年

整，秧歌队开始出发，在表演队伍最前面，有2位高跷表演者用竹竿撑开一面书有“祝您连年发财”字样的大红绸面，长约3米，宽约0.5米。表演之前，主家都要燃放鞭炮，以示欢迎。表演大约持续半小时。三是正月初二至初六是亲朋好友之间的拜年。村民以家庭为单元，走亲访友。四是正月初九至十六是本村与其他村落之间的庙会拜年。这期间，每个村落都会举办庙会，村民相互赶会，派文艺队助演，敲锣打鼓，年味儿十足。

初一这天，家族拜完年后，三大家族村民会去各自庙内烧香祭拜。近几年随着村落经济条件的改善，拥有私家车的家庭越来越多，出行安全也越来越为人们重视。因此，村民正月初一这天会祭拜“路神爷”，祈求一年出行平安。村民还会在各个路口画圈祭拜龙王爷，以祈求来年风调雨顺。不过，祭拜龙王不仅限于正月初一这天，一年中的其他时候也会祭拜，尤其是干旱时节。村中没有龙王庙，庄西侧小河沟旁立有一块高约0.5米的“龙王在此”碑，但属于西永安村，村民一般不去此地，而是随便找个地儿，圈出一块地方烧纸、烧香，“念叨”祭拜，形式较为简单，并且以妇女为主。此外，很多家户从正月初一这天，开始关注天气情况，以判定当年的年景，有“一鸡二狗，三蝉四麦，五牛六马，七人八谷，九果十菜”之说。

自正月初二开始，亲友互相拜年，敬酒谈心。东永安村人讲究“初二姥娘。初三姑，初四、五里拜丈母”。初二这天外甥去姥娘家拜年，外甥进门后要先给姥爷、姥娘、舅舅、妗子磕头，然后再去给近亲拜年。东永安村过年，先依照老一辈翁婿关系走亲戚，即初二这天姑家的表兄弟姐妹来姥娘家拜年，初三这天孙子再代表奶奶去她外嫁多年的女儿家走亲戚，之后才是下一辈翁婿关系的姻亲走动。

正月初三早晨要“送祖先”。煮好水饺，燃放鞭炮，在家堂前烧香、磕头，由一家之主念叨着“老头子们回去吧”之类的话，送走大年三十请回家过年的先祖，最后将家堂收起。村民将这一系列的习俗活动称为“圆年”。这天主要是侄儿给姑姑拜年。

正月初四这天，当年的新女婿要来岳父家拜年，并会受到高规格的接待。回娘家的闺女，还要给爷爷奶奶、叔叔大爷等长辈们磕头拜年，女婿则一般不用去。问及为何要在初四走娘家时，村民说道：“咱这俗礼是初三，初三时家堂落(收)起来，老头子回去了。”在村民看来，初三早上吃完水饺，收起家堂轴子，祖先就回到另一个世界了，此后女儿们才可回来看望爹娘，否则见到家堂后会影响家族兴旺，不吉利。

大约自正月初六开始，村民走亲访友基本结束。丛、吕家族的村民开始启动组装大牛的工作。同时，齐氏家族也开始启动大马的组装工作，包括扎马腿、扎骨架、糊纸以及制作各种马身装饰品等。

正月初八晚上，齐氏家族会举行文艺晚会，同时为第二天的玉皇庙会做准备。

正月初九是东永安村齐氏家族的玉皇庙会日，村民说是“神家的节日”，届时举行“烧大马”仪式。附近村民会前去赶庙会，烧香祭拜，观看各种文艺表演活动，如跑龙灯、扭秧歌、踩高跷、打腰鼓等。表演人员除了本村文艺队，还有其他村落以及昌邑剧团的人员。

正月初十为石头神的生日，村民要过“石头节”。早晨起床后，村民会在院中给石头神烧些纸钱，供奉饽饽、石头馍馍等。这一天忌讳搬石头和碾、磨、石臼等一切石器，人们认为那会伤害庄稼作物，导致收成不好。

正月十二是东永安村东邻的远东庄村菩萨庙会日，庙会规模较小，但是多数村民也会前去烧香磕头，凑凑热闹。很多东永安村村民会借机向外来香客、游客宣传本村即将在正月十四举行的孙膑庙会，邀请外来者前去赶会。

正月十三晚上，东永安村丛、吕家族会举行晚会活动。舞台临时搭建于孙膑庙东侧，参与者、表演者多为本村人。晚会节目包括歌曲、舞蹈、小品、戏曲等，很是热闹。本村在外打工、求学、当兵的人员往往是晚会的活跃分子，大家都借这个机会相互拜年问候。晚会长达两个小时左右，结束后村民大多会去孙膑庙内烧香磕头，燃放鞭炮。在凌晨时分，磕头的村民最多，相邻的西永安村、远东庄等地村民也会结伴前来祭拜，鞭炮声不断。据村民讲，这天晚上历来都是通宵达旦地娱乐，欢庆第二天孙膑庙会的举行。这天，丛、吕家族村民扎制大牛的各种工作基本结束。

正月十四是东永安村孙膑庙会日，丛、吕家族举行“烧大牛”仪式活动，参与人员可达 3 万多人。与玉皇庙会相比更加隆重，艺术表演活动也较多。当天也是东永安村的集市，届时商贩、赶庙会的人会将道路围得水泄不通，可谓是春节时段的高潮。参加完庙会的香客，也会去东边玉皇庙烧香。

东永安村元宵节一般过三天，即正月十四、十五、十六。正月十四晚上叫“头灯”，十五是“中灯”，十六是“末灯”，三天晚上若无风即为“收灯”，象征五谷丰登。村中有“头灯芝麻末灯黍，收了中灯喝黏粥”之说。正月十四，东永安村孙膑庙会日当天，村民会烧掉一头高约7米的纸扎大牛，极为隆重（详见第五章）。晚上村民会给灶王爷、天老爷、财神爷等燃香上供，一直持续到正月十六。正月十五这天，东永安村村民很少吃元宵，而以水饺和蒸糕为主。当日白天，村民会来孙膑庙上给孙老爷和老母烧香许愿，也会前去西永安村赶娘娘庙会，结束后在集市上买些蔬菜水果。晚上，村民在大街上燃放鞭炮、烟花，庆祝元宵佳节。正月十六晚上村民会在道路尽头、路口以及住宅周围撒灰插香，称之为“散香”“围宅香”，寓意是保卫宅院四季平安。老年妇女们还会前去烤香，并有“烤了火一年不生病，哪里疼，烤哪里；腰疼烤腰，腿痛烤腿”的说法。目前烤香的人很少了，大家都去烤秸草，如玉米秸、高粱秸、豆秸等。烤火以在路口大道上为主，并有“十六夜里来赶烤，烤到哪里哪里好”的说法。在东永安村村民看来，过了正月十六，春节也就算正式结束了。

（二）四时八节

1. 农历二月二

农历二月二也称为“囤节”，大人、小孩都在这一天理发。一般男人剃头理发，妇女洗发理鬓，以求一年好运气。东永安村依然传承着打囤的习俗，而且打囤时一定要使用正月初一五更至正月初三期间的柴草灰，囤有“粮食囤”和“钱囤”之分，但都没有圈数的限制，一般是两圈或者三圈。技艺比较高的村民通常围成三圈，形状讲究越圆越好。“粮食囤”一般在院落里围圈，中心还要放上五种粮食，用砖压上，外面再画上梯子，意为“蹬着梯子去挖粮食”。“钱囤”则一般设在堂屋，讲究与“粮食囤”差不多。不过，现在打“钱囤”的村民很少了。

此外，该村还流行吃豆之俗，即把黄豆、黑豆、地瓜块、年糕块一起炒，称“炒蝎豆”，讲究的人家要拌上糖。村里还有“二月二叫闺女”的习俗，因为旧时辞灶后，闺女就不能再回娘家，这是一道“关卡”。到了农历二月二，就可以把闺女接回来团聚，此俗沿袭至今。

2.清明节

清明是祭奠祖先的日子，在清明的前一天，村中男性要去祖坟上培土，把杂草清理干净。到了清明这天中午，男人们带着水果、油炸食品等供品，来到坟上给“老人”烧纸。这天，村民还要吃鸡蛋，喝一种由小米、豆子、红枣、粟米等熬制的素米饭。旧时，还要在门两侧的对联旁、窗户旁插上柳枝，增添几分青色。

3.农历三月三

农历三月三，是王母娘娘的生日。东永安村丛、吕家族村民会扎两棵蟠桃树祭拜，村民称之为“蟠桃会”。蟠桃树会提前一周左右扎制，近年来主要负责扎制的村民有齐秀香、宋瑞华、刘秀香、丛瑞英、张秀芬、李素芹、吕瑞婷、齐秀芬、齐秀兰、李学香、刘万珍、陈玉梅、赵志美、马文英、吕瑞珍、齐翠香、齐翠英、刘桂芬、吕世明等。蟠桃树扎好后放在孙膑庙门前面的空地上，摆好供品，于农历三月初三 9 点 30 分左右烧掉。2015 年农历三月三庙会，参与祭祀的村民有齐秀香、马艳香、赵志美、齐素英、齐万珍、李学香、齐美荣、刘新花、马文英、齐翠英、吕世明、齐秀兰、齐玉兰、丛瑞英、李素芹、张秀芬、吕瑞华、吕瑞婷、刘桂芬。在这 19 位中老年妇女中，7 位齐姓村民为本村齐氏家族村民，嫁于丛家、吕家后便跟随丛、吕家族一起参与三月三庙会活动。据村民说，以前每年农历二月十九(出生日)、农历六月十九(出家日)、农历九月十九(成仙日)，还要给王母娘娘扎轿，不过这几年不扎了。齐氏家族这天没有活动。

三月三，发宝树

4. 农历三月十八日

农历三月十八日为东永安村地宫老母祭祀日，这一仪式并不是全村的行为，多由丛、吕家族的老年群体参与。届时会举行“发轿”仪式，其中祭祀供品及花轿都由老年妇女们准备。花轿一般由村内的几位老年妇女在村委办公室扎制，高约 1.5 米，还要贴上一些装饰品，比如会在花轿的侧面贴上“鸳鸯”“凤凰”图案，意指和谐美满。整个扎制过程一两天时间便可完成。这天早晨 8 点多，村民便把为老母扎的轿子停在孙膑庙前，老年女性在庙前布置供品、抬轿、安轿等。庙前布满了小旗，花轿面向老母庙，前有三条木凳，还有一个放置供品的木桌，桌上会摆满由各家拼凑的供品。供品包括五个碗，一般是橙子、小西红柿、凉拌粉丝、凉拌黄瓜、炸豆腐等，或是一些糖果、饼干、葡萄干、红枣、香米饼、馒头、菜瓜等。仪式结束后，村民再分别拿回各家的供品。每年“发轿”时，村民都会请人撰写黄表文书，借以告知神灵。2015 年农历三月十八老母“发轿”黄表文书曰：

> 今在山东省昌邑市都昌街办东永安村，善男信女时逢三月十八日，虔心诚意向地宫老母台前呈献花轿一乘、香纸金银稞宝若干，供您老人家使用。
>
> 叩求您老人家保佑吾方风调雨顺、五谷丰登、无灾无难、平平安安。
>
> 尚飨！
>
> 众善男信女叩首。
>
> 天运乙未年农历二零一五年三月十八日　敬发

三月十八“发轿仪式”

该祭文贴在花轿内侧，最后随花轿一起烧掉。上午 9 点多，一阵鞭炮声过后，村内有威望的老大爷开始点火焚烧花轿，花轿伴着人们的歌声燃烧殆尽。烧轿仪式活动主体分为三个群体：面向庙门跪拜的老年妇女共 38 位，在供品前一起唱经；西侧是 7 位老年男性，站立着操持焚烧事务；另有一些男性年长者在办公室静观，没有出场。所烧掉的花轿顶部是一个葫芦的造型，葫芦可以盛药、盛酒，在村民心目中还代表仙境，因而在仪式中具有特殊地位。绵绵细雨中，村民在乡村安静的寺庙前跪拜诵唱，简朴的仪式给人以莫名的感动。

5.农历四月初九和十一月初九

这是东永安村一年之中农忙时节的两个山会。1985 年左右，东永安村开始定逢农历四、九集市，同时设置两个山会日期，即农历四月初九和十一月初九，主要进行这一带的农贸物资交流。每次山会都有近万人参加。山会期间家家都会来亲戚，主要是吃吃喝喝，以亲友团聚为主。每家待客至少得花费二三百元，最多的家庭，亲戚能来 30 多人，招待不下就会去西永安村饭店聚餐。据说，这一天全村村民总花费高达数十万。

6.端午

东永安村村民常将农历五月初一称为“小端午”，农历五月初五为“大端午”。初五这天清晨，村民会在自家大门两侧或窗台边插上艾草，传统上还有用露水洗脸的讲究。这天还要吃粽子，粽子多用黄黍米(糯米)、红枣或红豆沙做成。为了纪念屈原，这天中午家家户户都会包水饺吃，水饺馅儿没有讲究，多以白菜肉、韭菜肉为主。村民还要给孩童穿肚兜，系“长命锁”，在手脚脖颈上拴五彩线。五彩线可用红、黄、蓝、白、黑或任意五色，一直等到端午后下第一场雨的时候才可以将其剪下来，扔入水中，让雨水冲走，寓意祛除病灾。另有村民认为，端午也是夏季到来的节点。当地有句谚语“吃了端午粽，便把棉衣送”，意为从此进入夏季。

7.农历六月六

丛、吕家族的村民会发宝树、金山银山，以祭拜麦王娘娘。如在 2015 年，参与这项仪式的村民有吕瑞孝、吕瑞圣、吕言忠、丛延庆、丛乐信、吕世能、吕世圣、吕志友、丛悦敖、丛延俊和吕瑞福。这些村民多是庙委会成员，平时负责庙上事务。具体负责扎制宝树的多为老年妇女，她们的任务还包括准备

供品等。旧时在这天还有晒书、晾衣之俗,称为“晒龙衣”,使衣不生虫蠹。

8.农历六月二十四

这天是关公纪念日,东永安村丛、吕、齐三大家族都会祭祀关老爷。村民认为农历六月二十四为“关老爷磨刀日”,因此两庙都会烧掉纸扎枣红马祭祀,形态与正月初九庙会的大马相差无几,仅是体型较小,与真马大小相似。因为东庙玉皇庙中塑有关公像,西庙没有关帝神位,所以农历六月二十四,西庙丛、吕家族老人扎制好的大马要拿去东庙烧掉。不过,大约从2007年开始就不再给东庙送马了。如今孙膑庙内尽管依然没有关老爷的神位,但是村民会在这天直接在孙膑庙前“发马”。西庙孙膑庙的大马需要提前半个月左右扎制。近年来,西庙主要负责扎制的村民为吕瑞福、丛悦敖、吕言忠、吕世能、吕兴茂、吕瑞圣、丛乐信、丛延俊、丛延庆、吕昆明、吕瑞周、吕言建、吕世明等,东庙玉皇庙前祭祀用的大马常常由吕兴茂扎制。东庙从农历六月二十一开始扎制,以高粱秸秆、豆秸、苇子为主要材料,一般两三天就可以扎制好。村民并不支付费用,仅是到饭点的时候,买些简易的饭菜,如包子、面条等送给扎制大马的村民。另外在年节、农历八月十五期间会走访一下,送些茶叶、烟酒礼物。相对于年节期间的庙会活动而言,祭祀关公的仪式比较简单。妇女在这天还要叠一些“元宝”,准备供品如鸡、鱼、豆腐、蔬菜、水果等,去庙内烧香。

9.农历六月三十

村民有“六月三十过半年”的说法,主要以亲朋好友团聚为主,中午在一块喝酒吃菜。过半年只是村民暂时的歇息,俗谓“喘口气”。

10.农历七月初七

这天为“七巧日”,白天看巧云,夜晚看星星,有“喜鹊天河搭桥,牛郎织女相会”的传说。在这天深夜,少女会做一些红绿包绒玩具或绸花,名为“乞巧”。另有民谚说:“立了秋,北风溜。”立秋过后,天气逐渐转凉,因此在七月立秋日这天,村民家家包水饺吃,也常待客聚会。

11.农历七月二十二

这天是财神爷的生日,财神节在潍北一带非常盛行。东永安村村中做生意的很多,比较重视财神节日,几乎家家供着财神爷神像。这天,在外工作、学习的儿女们都要回家看望父母,一家人聚在一起包水饺吃饭,聊聊家常。晚上村民会燃放鞭炮，给财神设香案，上供烧香、磕头求财。东永安村丛、吕家族供养的财神是文财神，而相邻的西永安村供奉的是武财神。

12. 中秋节

东永安村中秋节依然存有“拜月”的习俗，其对月亮的崇拜其实正是对于“圆”的信仰。如村民所言：“八月十五是圆月，要供养月亮。”这天晚上，村民大都会在天井里设香案，供上月饼，摆上葡萄等时令水果。饭后，家中长者要烧香、烧纸，而后分食月饼，享受团圆之乐。村里流行在节前给长辈和亲戚朋友送月饼的习俗。

13. 农历十月一

东永安村村民将农历十月一称为“鬼节”“秋季祭扫日”。这天主要是给老人上坟烧纸的日子。嫁出去的闺女也要回来与兄弟一起给长辈修坟压纸，中午都会留在娘家吃饭。

14. 冬至

冬至这天按照老一辈传下来的习俗，要吃水饺，当地有“吃水饺不冻耳朵”的说法。至于为什么冬至吃水饺，村里则没人能解释清楚，只说是老辈人留下的传统。村民大都不将其视为节日，仅当作一个节气来看待。此外，在本村老人的记忆中，在1949年以前，东家要在这天结算全年工钱，设酒宴招待伙计，并议定雇工来年的去留。

上述节俗活动，呈现出不同的节日组织类型，大致包括两类：一是以家庭为中心，如农历七月二十二、端午等，以亲戚聚会为主。二是以家族为中心，如农历三月三、农历三月十八、农历六月二十四等，多以丛、吕家族合作，齐氏家族单独行事为体现。当然，这种组织特征并非绝对，也会有所交叉。

二、娱乐传统

“咚咚锵锵”的锣鼓声，抑扬顿挫的小调以及婉转悠扬的说书声，常常成为乡间平淡生活的“调味剂”。每当闲暇时，村内总有一些爱好文艺的人撺掇着敲敲打打，唱几段戏，那一刻村民是那么轻松自在。东永安村的娱乐传统主要有秧歌文艺表演、唱曲排戏、扎制技艺等，这既是村民对于更有滋味生活的主动追求，又体现出村民的非凡智慧。

（一）秧歌队

东永安村最隆重的娱乐当属春节期间的两次庙会了。东永安村的文艺队主要有秧歌队、龙灯队、高跷队以及锣鼓队。据说，村内的秧歌队在全县颇为有名，表演阵容和专业水平较高，其历史可追溯到民国时期的“子弟耍”文艺活动。“子弟耍”，又称“子弟戏”，是农闲时村民自编自演的娱乐表演活动，如扭秧歌、踩高跷、唱曲等，组织者称为“闾长”。参与村民主要为本村丛、吕家族的男性村民，年龄在十几岁至六十几岁不等。民国时期具体参与的村民见下表：

民国时期东永安村的秧歌队成员①

姓名	性别	职业	角色
吕西海	男	务农	组织者
丛召春	男	务农	秧歌头
吕兴仁	男	务农	堂鼓演奏者
吕兴道	男	务农	大锣演奏者
丛立全	男	务农	小锣演奏者
丛传经	男	务农	大钹演奏者
丛兴诺	男	务农	小钹演奏者
吕积田	男	务农	秧歌小调演唱

至1949年后，东永安村秧歌队名称改为“俱乐团”，由齐姓村民组织，但多数成员依然为丛、吕家族村民。1949～1966年东永安村秧歌队成员如下表所示：

1949～1966年东永安村的秧歌队成员②

姓名	性别	职业	角色
齐安兰	男	务农	组织者
丛召春	男	务农	秧歌头

① 参见齐飞飞：《东永安村的秧歌活动》，南京艺术学院硕士学位论文，2008年。

② 参见齐飞飞：《东永安村的秧歌活动》，南京艺术学院硕士学位论文，2008年。

续表

姓名	性别	职业	角色
丛兴德	男	务农	堂鼓演奏者
吕兴道	男	务农	大锣演奏者
吕长庆	男	务农	小锣演奏者
吕立进	男	务农	大钹演奏者
丛兴诺	男	务农	小钹演奏者
齐占方	男	务农	秧歌小调演唱

据说，当时村民还踊跃凑钱邀请潍县、寿光等地的专业师傅前来教授，从舞蹈动作到曲目编排都焕然一新。这一时期，秧歌产生了一种“小场演唱”的表演形式，即秧歌在表演过程中唱时不舞，舞时不唱。演唱前锣鼓刹住，舞蹈暂停，接下来由一位艺人为观众演唱流行于当地的民间小调或小戏唱段。根据场合的不同，艺人的演唱分为固定唱词演唱和即兴编唱两种形式。固定唱词演唱内容多为表现民间伦理道德、男女爱情、家长里短等故事；即兴编唱多是秧歌队在登门向主人家拜年时表演，演唱者根据对方所从事的职业、年龄、喜好等即兴发挥，运用同一曲调填入不同唱词，演唱内容多为恭祝对方家业兴旺、生意兴隆、财源广进、多子多孙等。[①] 村民有时常将著名曲目中的地名置换为本地景貌，以贴近观众的生活，走进百姓的心中。譬如吕剧《审青杨》：

芙蓉（里个）城西（哎），有（哎）一庄，何太爷坐堂审问青杨。

要问（哎），青杨为何事呀？

刘家的女，李家的郎，两下结亲（是）未成双哎，杨氏女一命就见了阎王。

《审青杨》曲目在乡间流传甚广，开头地名多有不同。在东永安村，村民把它直接改成芙蓉城，以芙蓉池为参照，对当地村民而言该剧充满了亲切意味。目前，村内会小场演唱表演的多为年长者，每至节庆或者村内有大事

① 参见齐飞飞：《东永安村的秧歌活动》，南京艺术学院硕士学位论文，2008 年。

时，都会义务表演几段。

至“文化大革命”时期，东永安村秧歌队又改名为“革命文艺宣传队”，以配合政治宣传。这时期传统秧歌表演内容、形式及活动，被视为封建残余禁止出现，取而代之的是被贴上政治标签的“新秧歌”。为了适应政治宣传教化的需要，传统秧歌表演中的一些角色，由当时一些受到批斗、丑化的国内外政治人物所替代。此外，村民还自编了许多宣传互助合作、婚姻法等相关的曲目内容。为了显示男女平等，东永安村秧歌队开始允许女性角色加入。该时期参加表演的村民详见下表：

“文化大革命”时期东永安村的秧歌队成员①

姓名	性别	职业	角色
从振胡	男	务农	组织者
从立深	男	务农	秧歌头
从振胡	男	务农	组织者
齐佃森	男	务农	堂鼓演奏者
从来春	男	务农	大锣演奏者
吕乐平	男	务农	小锣演奏者
吕立进	男	务农	大钹演奏者
吕世茂	男	务农	小钹演奏者

2000～2012年，秧歌队改名为“东永安村文艺宣传队”，由村民丛乐涛统一组织，人数增至四五十人，主要在秋后农闲时表演。有时秧歌队还会外出表演。东永安村文艺队在整个昌邑都较为出名，多次参加市里汇演，荣获奖励。当时东永安村文艺队主要成员如下表所示：

① 参见齐飞飞：《东永安村的秧歌活动》，南京艺术学院硕士学位论文，2008年。

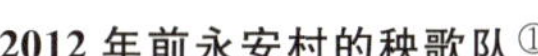

2012 年前永安村的秧歌队①

队伍名称	姓名	性别	职业	角色
地秧歌队	丛乐涛	男	包工头	组织者
	吕建军	男	包工头	秧歌头
	齐祖乔	女	个体户	地秧歌表演
	齐秀芝	女	务农	同上
	齐桂香	女	务农	同上
	韩俊霞	女	务农	同上
	韩素英	女	务农	同上
	丛瑞芳	女	个体户	同上
	马艳红	女	务农	同上
	马玉芬	女	务农	同上
	李素英	女	务农	同上
	李晓云	女	务农	同上
	陈晓芳	女	务农	同上
	刘红琴等	女	务农	同上
高跷队	吕国辉	男	务农	“孙悟空”
	吕建伟	男	务农	“唐僧”
	吕建武	男	务农	“猪八戒”
	吕昆良	男	务农	“沙僧”
	吕利娅	女	务农	“妖精”
	马素芳	女	务农	“妖精”
	吕国庆	男	务农	“济公”
	丛悦红	女	务农	“财神”
	马建建	男	务农	“县令”
	吕言州	男	务农	“小生”
	吕建涛	男	务农	“公子”
	吕言青	男	务农	“老太”

① 参见齐飞飞:《东永安村的秧歌活动》,南京艺术学院硕士学位论文,2008 年。

续表

队伍名称	姓名	性别	职业	角色
乐队	丛乐生	男	务农	大鼓演奏
	吕世宗	男	务农	堂鼓演奏
	吕兴茂	男	务农	大锣演奏
	丛怀友	男	务农	小锣演奏
	吕世孝	男	务农	大钹演奏
	丛乐鹏	男	务农	小钹演奏
其他人员	齐文龙	男	教师	化妆
	丛伟平	男	务农	剧务

东永安村文艺队表演主要有三种场合：

一是本村庙会节庆表演，主要是正月初九玉皇庙会和正月十四孙膑庙会，尤其是正月十四这天抬大牛巡游的时候，本村的这支文艺队要在前面为大牛“开道”。喧天的锣鼓，村民略带夸张的服饰妆容、肢体动作使得整个场面热闹极了！

二是参与相邻村落庙会助演。尤其是高跷表演，在锣鼓伴奏下，三人或五人串花表演，并穿插一些故事情节如“唐僧师徒取经”“八仙过海”等。这一带一村举办庙会，多村参与助演，已是村民的默契。每当正月十二远东庄观音庙会、正月十五西永安村娘娘庙会、正月十六渔埠村孙膑庙会等举办时，东永安村文艺队都会前去助演。因为距离较近，不需要乘车，所以对方也就不支付交通费用。每次演出时，还会拉起“东永安村文艺队”的横幅，观看的村民顿时沸腾起来，期待之情溢于言表。

三是商店、建筑公司庆典表演。每年正月初七开始，各建筑公司、物业公司等单位常常邀请文艺队前去演出，每场酬金为400～600元，也有支付数千元的。组织者丛乐涛每次都会将所得报酬分给参与的村民，直至2012年他因病去世。他曾说，自己平时就比较爱好这类活动，跑跑秧歌，带着村民一起高兴高兴，活跃一下节日气氛，给平淡的日子增添了不少滋味。

为大牛开道的东永安村文艺队

除上述秧歌文艺队外，东永安村还有一支龙灯队，成员多是齐姓村民。每年正月初九与正月十四庙会期间，村民都会进行舞龙表演。该龙龙身用布制成，共有七节，各节之间用竹木片扎制而成，每一节的距离相等。整个龙身长数丈，画有浅色鳞片，龙头与各节均有撑杆，作为舞龙者的抓手，当村民披上龙衣后即成龙身。在锣鼓的配合下，村民开始起舞，龙头、龙尾及各节均按一定节奏摇摆飞舞或翻滚腾跃，彼此协调一致。龙头前会有一位村民手里拿着彩球，引导举龙者表演各种动作。动作由慢而块，急剧加速。因为舞龙很费体力，所以参加的村民都是青壮年。其中负责抓龙头的村民，还需要有较强的臂力，抓龙尾者则要善于长步快跑。表演时，舞龙者采用各种套数，舞法五花八门。

(二)唱曲排戏

东永安村还有一批酷爱唱戏的老少群体，村中每逢喜事，戏迷们便会聚在一起搭台演唱，演唱曲种有京剧、吕剧、黄梅戏等。2011 年为庆祝孙膑庙办公室落成，爱挑头儿的戏迷们便开始组织演唱活动，吸引了许多村民前来观看。有时也会叫上西永安村与远东庄的一些“爱唱”的村民，他们因戏结缘，相互之间十分熟络。每当村内的锣鼓声响起，村民多会暂时放下手中的

活计前来观看表演。

在众多传统曲目中，东永安村老人们常常提及《画扇面》。村民所言《画扇面》版本不一，曲词各异。在东永安村一带流行的是山东版小调，因其蕴含着丰富的历史小故事，趣味性强而深受村民喜爱。曲词如下：

天津城西杨柳青，有个美女白俊英。巧手丹青会画画，这佳人，十九冬，丈夫南学苦用功（咿呀哎嗨哟）——眼看着来到四月当中！（呀哎嗨哟）

四月里立夏少寒风，白俊英房中好似蒸笼。手拿扇子仔细看，高丽纸，白生生，洋漆骨子白点红（咿呀哎嗨哟）——扇面以上缺少工程！（呀哎嗨哟）

八仙桌子放当中，各样的颜色都是现成。扇面铺在桌子上，细思想，暗叮咛，上面先画上两座城（咿呀哎嗨哟）——显一显手段敬敬明公！（呀哎嗨哟）

头一座城池画北京，九门九关真是威风。画上紫禁城一座，画六院，画三宫，金銮殿上画朝廷（咿呀哎嗨哟）——八大朝臣画在西东！（呀哎嗨哟）

二座关东画胜景，老将军斩主才得安宁。东沟里反了宋三亳，陈大人率领兵，众家英雄往东征（咿呀哎嗨哟）——东沟的黎民才得安宁！（呀哎嗨哟）

手拿扇子闷闷看，俊英越看越不喜欢。虽然城池风景好，读书人，仔细观，嗤笑奴家太不堪（咿呀哎嗨哟）——忠孝节义不大周全！（呀哎嗨哟）

忽然想起忠良将，杨家父子保过宋王，铁面无私包文正，文太师，回朝纲；不怕死的孙伯阳（咿呀哎嗨哟）——三上金殿去见君王！（呀哎嗨哟）

二出画上贤志男，钟子期打柴不愿做官，白猿偷桃天书献，小沉香，劈华山；吴汉杀妻在潼关（咿呀哎嗨哟）——带领着人马又去访贤！（呀哎嗨哟）

三画节烈女姣流，李三娘打水终日忧愁，磨坊哭得实难受，王三姐，抛彩球，张彦休妻白玉楼（咿呀哎嗨哟）——秦雪梅吊孝节烈千秋！（呀

哎嗨哟)

四出画上义气男，单雄信访友在河南，仗义疏财秦叔宝，为朋友，两肋酸，石秀杀嫂上梁山(咿呀哎嗨哟)——俞伯牙为友摔琴在坟前！(呀哎嗨哟)

忠孝节义全画完，俊英越看越不耐烦。画了半面闪半面，心思想，暗伤惨，八出戏儿画后边(咿呀哎嗨哟)——对好的颜色真是鲜艳！(呀哎嗨哟)

一出画上走雪山，哭坏了小姐曹玉莲，院子曹福活冻死，又来了众八仙，搭救草福上西天(咿呀哎嗨哟)——小姐哭得实是可怜！(呀哎嗨哟)

二出戏儿画捡柴，姜秋莲出门泪满腮，春乐送友到郊外，舍银两，就走开，一朵鲜花他不采(咿呀哎嗨哟)——真是君子仗义疏财！(呀哎嗨哟)

三出画上朱春登，牧羊圈舍饭要去修行，婆媳寻药来讨饭，郭氏女，进芦棚，夫妻见面泪盈盈(咿呀哎嗨哟)——龙抓了宋氏谁不知情！(呀哎嗨哟)

四出画上二进宫，李艳妃宫院多加愁容，国家有难思忠良，徐千岁，巧计生，黑虎铜锤举在空(咿呀哎嗨哟)——杨四郎保国苦苦尽忠！(呀哎嗨哟)

五出戏儿画得精，画上个和尚名叫唐僧，行走路遇无底洞，猪八戒，更稀松，全凭大圣孙悟空(咿呀哎嗨哟)——灵霄殿告状去搬天兵！(呀哎嗨哟)

六出画上蜀魏吴，刘玄德访将三顾茅庐，请来了先生诸葛亮，借荆州，谋东吴，周瑜定计请皇叔(咿呀哎嗨哟)——怒摔了柬帖令箭出！(呀哎嗨哟)

七出戏儿画五雷，孙伯灵的双拐无人可对，王俭下山平六国，大毛奔，抖雄威，孙膑进阵鬼魂飞(咿呀哎嗨哟)——盗丹多亏了金眼毛遂！(呀哎嗨哟)

八出画上洪州城，杨宗保回朝又去搬兵，妖人摆下无名阵，白天祖，猛又凶，来了元帅穆桂英(咿呀哎嗨哟)——杀退了番兵救出了公公！

（呀哎嗨哟）

九出戏儿画九全，单等着丈夫全了篇。金榜题名升富贵，得头名中状元，光宗耀祖做高官（咿呀哎嗨哟）——全家欢乐福寿双全！（呀哎嗨哟）

东永安村很多村民对《画扇面》内容耳熟能详，尤其是第七出关于孙膑的故事。每当问及村民关于历史人物孙膑的事迹时，许多老人都会提及“孙膑破阵”的故事。如村民吕述增边说边唱道：

俺们以前就爱听《画扇面》，第七场是孙膑和五雷阵。孙膑进了五雷阵，“孙膑进阵鬼魂飞……”孙膑就是一个打仗的领兵元帅。当时一些被困士兵求他搭救，他手下有一个将领叫毛遂：“大毛奔，斗雄威，金眼盗丹多亏了毛遂。”孙膑就是派他去把这个阵给破了。[①]

乡间小戏常常是村民知识的重要来源，对于村民生活伦理有着一定的教化意义。东永安村的流传曲目还有《萝卜头》《桑园会》《捉放曹》《下柳行》《五更调》《寡妇上坟》等。在抗日战争和解放战争时期，群众文艺不断革新，东永安村的业余文艺宣传队积极动员参军，配合反扫荡，开展土改运动。譬如《送郎参军》，体现了村民对于男性踊跃参军的支持与鼓舞：

送郎参军

送郎送到大门外，递上一双新军鞋。
你到部队打老蒋，家中事儿别挂怀。
送郎送到三岔口，心中话儿有几斗。
千言万语并一句，胸中永记穷人仇。
送郎送到大会场，人山人海闹嚷嚷。
手拉手儿轻声语，不灭老蒋不还乡。

这一时期主要节目还有《土地还家》《张德保归队》《三世仇》《白毛女》《土地证》《改邪归正》《兄妹开荒》等。近些年，很多村民还会自编一些作品，在正月晚会期间表演。

（三）扎制传统

东永安村的扎制技艺有着悠久的历史，具体包括扎制祭祀物品如牛、

① 吕述增，男，东永安村人。访谈时间：2011 年 10 月 2 日。

马、轿、鸡、猪、羊、宝树等，这些手工技术为村民所普遍掌握。过去东永安村紧邻芙蓉池，方圆数百里波光粼粼，稻荷香，鱼儿肥，苇草密，在传统社会中延续着生态农业与小手工业的生计传统，其湖泊资源为编织业、扎制业提供了自然资源。久居此地的人们大都心灵手巧，小到剪制窗花，大到扎制牛、马、船、轿等祭祀物品，都难不倒他们。

纸扎灯笼

东永安村村民所扎制的祭祀物品主要有两类：一是在丧礼和清明、农历十月一上坟时扎制，以祭祀亲人。随着现代生活的发展，这类扎制物品种类越来越丰富，如纸扎别墅、轿车、电脑、电视等。二是祭祀孙膑、玉皇、关公、老母娘娘等神灵所用的祭品，讲究用老式样。村民祭神所扎祭品有着特殊的讲究，如祭祀孙膑而焚烧独角纸牛，祭祀关公焚烧纸扎枣红马，祭祀观音菩萨、老母焚烧纸扎（或布扎）花轿，祭祀海神焚烧纸扎宝船，祭祀天老爷、财神焚烧纸扎猪羊等。尽管有时为不同的神灵所扎圣物相同，但人们自己却有着不同的叙事逻辑，体现了民众的"正统"追求，即民众依据历史传统所对事物作出的合理性判断认知，其知识结构的来源多是神话传说、戏曲小说、民间说书、宗教经文等。时至今日，在整个村落生活中，最引人注目的是每年正月初九烧大马以及正月十四烧大牛的庙会活动。整个大牛、大马的扎制还包括多种手工技术，如剪制灯笼、各种动物花卉图案、牛鞍、马鞍等。尽管

年节时期的“烧大牛”“烧大马”是以祭祀神灵为目的的，但在整个扎制过程中大家聚在一起，喝茶聊天，有时老年妇女还会边唱歌边扎制，异常热闹，俨然已成为东永安村年节期间的一大娱乐活动。

在村民的记忆中，当下所呈现的隆重的“烧大牛”“烧大马”仪式经历了不断变化的过程。通过走访村落中诸多年长的村民，大致知悉了两个仪式的历史演变情况。如下表所示：

“烧大牛”“烧大马”的历史演变情况表

时间	庙宇	祭祀神灵	祭祀物品	颜色	尺寸	扎制主体
晚清民国	孙膑庙	孙膑	牛	黑色	高约 0.5 米	1. 丛、吕家族十几户合扎；2. 丛、吕家族个别村户还愿扎制
	玉皇庙	庙内神灵	香纸	无	无	无
1949～1979 年	孙膑庙	孙膑	牛	黑色	高约 0.5 米	1. 丛、吕家族十几户合扎；2. 丛、吕家族个别村户还愿扎制
	玉皇庙	庙内神灵	香纸	无	无	无
1980～1998 年	孙膑庙	孙膑	牛	黄色	比真牛略小	1. 丛、吕家族合扎；2. 丛、吕家族个别村户单独扎制
	玉皇庙	庙内神灵	香纸	无	无	无
1999～2002 年	孙膑庙	孙膑	牛	黄色	与真牛同	1. 丛、吕家族合扎；2. 丛、吕家族个别村户单独扎制小牛还愿
	玉皇庙	玉皇、关公/观音菩萨	三匹小马拉辇/轿	红色	小马高约 1 米	齐氏家族扎制

续表

时间	庙宇	祭祀神灵	祭祀物品	颜色	尺寸	扎制主体
2003～2004 年	孙膑庙	孙膑	牛	黄色	约 3 米	1. 丛、吕家族合扎；2. 丛、吕家族个别村户单独扎制小牛还愿
		玉皇	小马	枣红色	与真马同	丛、吕家族扎制
	玉皇庙	玉皇、关公	小马	枣红色	与真马同	齐氏家族(吕世杰曾指导扎制)
2005～2009 年	孙膑庙	孙膑	大牛	黄色	高约 3 米	1. 丛、吕家族合扎；2. 丛、吕家族个别村户单独扎制小牛还愿
		玉皇	小马	枣红色	与真马同	丛、吕家族扎制，送至村东玉皇庙焚烧，止于 2007 年前后
	玉皇庙	玉皇、关公	大马	枣红色	高约 5 米(显著增大)	齐氏家族扎制；并给孙膑庙部分扎牛钱，止于 2007 年前后
2010～2012 年	孙膑庙	孙膑	大牛	黄色	高 5 米，身长 10 米，独角长 1.8 米	1. 丛、吕家族合扎；2. 丛、吕家族个别村户单独扎制小牛还愿
	玉皇庙	玉皇、关公	大马	枣红色	体型增加	齐氏家族成员扎制
2013～2014 年	孙膑庙	孙膑	大牛	黄色	高约 6 米	1. 丛、吕家族合扎；2. 丛、吕家族个别村户单独扎制小牛还愿
	玉皇庙	玉皇	大马	枣红色	高约 6.5 米	齐氏家族成员扎制

续表

时间	庙宇	祭祀神灵	祭祀物品	颜色	尺寸	扎制主体
2015 年	孙膑庙	孙膑	大牛	黄色	7 米高，13 米长	1. 丛、吕家族合扎；2. 丛、吕家族个别村户单独扎制小牛还愿
	玉皇庙	玉皇	大马	枣红色	6.8 米高，11 米长	齐氏家族成员扎制
2016 年	孙膑庙	孙膑	大牛	黄色	7.3 米，直径加宽 0.3 米	1. 丛、吕家族合扎；2. 丛、吕家族个别村户单独扎制小牛还愿
	玉皇庙	玉皇	大马	枣红色	7 米多高，比 2015 年的略大	齐氏家族成员扎制

由表格可以窥知如下几方面的信息：

第一，东永安村丛、吕家族扎牛的历史可追溯至晚清时期，至今已有百年历史，但具体从何时开始扎制，村民却并不知。村民吕述增谈道：

> 俺祖父给我讲过扎大牛是怎么来的事儿。这些事长远了，我不记得了。俺祖父他讲的这些事都（流传）好几百年了，扎这个牛，是为了正月十四纪念孙膑战绩的。①

早期主要是由丛、吕两家族的老善人扎制，纸牛的体型也较小，在庙内简单烧掉；至 20 世纪 80 年代，为了使牛更加美观，村民便改为扎制黄牛，并且体型每年都会增加，发展到 2016 年长约 10 米，牛角至地面的高度大约为 7 米。据说，大牛是由手工活极好的村民吕世杰设计扎制的，因为高度的增加意味着大牛其他部位的比例要重新设计，否则大牛不美观。相形之下，齐氏家族扎制大马的历史并不长，经历了由烧香纸、扎辇到扎马的演变过程，同时祭祀神灵也由最初的模糊状态变为当下明确的玉皇大帝。

① 吕述增（1929～ ），男，东永安村人。访谈时间：2011 年 10 月 2 日。

第二，丛、吕家族与齐氏家族以各自庙宇为依托，相互比较，借烧祭仪式，尤其是圣物大小，形成了一种竞赛关系。

对大牛、大马体型的逐年增加，村民是如何解释的呢？有的村民将其归之于经济条件的改善；也有村民认为，双方“比着干”，是竞争的结果。前几年在村落调查时，村民时常讲述，因为村落电线等障碍物太多，目前所扎大牛、大马的体型已经无法再增加，否则仪式巡游活动将无法举行。但是2015年秋季，西庙新任庙头吕世敬要求网络公司、电力公司加高网线、电线，以便大牛巡游时能够顺利通行。于是在2016年，大牛、大马体型又有所增加。

为了让大牛体型尽量增大，同时又能在街道电线网络下穿行，村民利用钢管将牛的前腿巧妙地设置为“活动的”，可“伸”可“卧”，并为这一“发明”而欣喜不已。经过这样的改进，再遇到电线、网线、树枝之类障碍物时，只要将前腿一“卧”，牛头顿时变矮，便可在本村的大街上畅通无阻。在此，圣物“求大”的传统信仰心理与新材料（钢管）、新技术巧妙地结合在一起，村民在为“大牛”庞大、美观而感到自豪的同时，丝毫没有对更改祖制技艺的不安。

两庙的村民为何一味地竞相追求所扎大牛、大马的体型之大呢？这其中蕴含着村民朴素的乡土心理。凡事求“大”似乎是民众的一种普遍追求，对于东永安村村民而言，“大”即意味着权威，牛马体型的大小在某种程度上是本家族经济实力、社会声望等综合实力的外显，是在村落乃至整个社区中树立家族权威的重要象征。因此，村民总是利用自己的智慧尽量使“圣物”高大。

村民对外经常强调说，他们所扎的大牛在周边村落中体型最大、扎制技艺最好，一年之中就属正月里扎的大牛最大、最神气等。在村民看来，扎制大牛的复杂工艺是整个仪式强于其他村落的庙会的原因之一，这让村民颇感自豪。当然，如果圣物一味地求“大”，而忽略了“样法儿好看”“有个性”，也很难获得民众的认可。圣物求大的做法和说法，为东永安村正月间“烧大牛”仪式塑造出权威性，使本村在周边乡土社会中居于类似“文化中心”的地位。

当然，这其中与东永安村长久以来的扎制技艺传统是密不可分的，村民有着这项手艺活，虽然是以祭祀神灵的神圣名义扎制圣物，但在整个扎制过程中却充满了欢愉。

第四章 东庙与西庙

1949年以前，东永安村曾有多座庙宇，除孙膑庙、玉皇庙外，其他庙宇规模都较小。主要有：

真武庙，位于丛、吕家族居住区域，占地一间屋的面积。

观音庙，位于丛、吕家族居住区域南头，村民称为"倒座观音庙"，屋门朝北，与真武庙相对。

关帝庙，共有两座：一座在丛家居住区域，大致位于今村中十字主街道的西北角村委后面，1966年被拆毁。庙宇由两间房屋组成，院落较小，在东南角栽有一棵大杏树。另一座在村东齐家居住地。

土地庙，位于村庄南头，旧时丛、吕家族逢丧礼去报庙送浆水。如今只剩下几块碎石，村民办丧事时就在旧址处烧点纸扎。

无名小庙，位于村东北角田地中，为齐氏家族所建，规模较小，供奉何神已不得而知。据传，该庙塑像时，渔洞埠村的一位村民还被抓了像，即按照该村民相貌为神塑像，在村民看来，被"抓了像"的人的生活会不顺利。

目前，东永安村现存的两座庙宇分别是村东齐氏家族的玉皇庙和村西丛、吕两家族的孙膑庙，村民往往以"东庙""西庙"相称。两庙都是1997年左右重新修建的。其中，西庙所在地高约5米，是村内仅存的小土埠。高埠上的孙膑庙，是村落历史的重要见证。

一、孙膑庙

（一）空间布局

孙膑庙，位于村西头的西虎埠之上，始建于何时无从得知，据说是在明代万历年间，但已无法证实。据碑文记载，清光绪二年（1876 年）曾重修过，1945 年庙宇因战乱被烧毁，目前的孙膑庙是 1997 年所修的，神像设置与旧时庙内布局有些不同，但主神未变。庙宇正门牌匾写有“佛道崇尊”四个大字，进门影壁正面写有“佛”字，并绘有根深叶茂的青松壁画；影壁背面为“神”字，绘有青竹景致；顶侧写有“竹报平安，写于 2012 年”字样。孙膑庙宇主要分为三殿，即东殿、西殿和南殿。东殿为老母殿，正神位为地宫老母；西殿为孙膑殿，正神位为孙膑，两侧分别为袁达、李牧，殿内除塑有孙膑像外，还有一些著名的历史人物塑像，如淳于髡、田忌等。南殿较小，仅能放置路神爷和王灵官两座神像，人们烧香时只能在门外面祭拜。

在孙膑庙内院里的东侧，是现存最早的清光绪二年（1876 年）所立的石碑，记述了当时神灵显灵及塑造神像的情形。庙内西侧，是 1997 年重建庙宇时所立的两块功德碑。在庙宇大门外面，还有 2015 年新挖出的清光绪十五年（1889 年）碑刻及新修庙宇石阶的捐款碑。庙西的一片空场地，是每年正月十四举行祭祀仪式时焚烧大牛的圣地。仪式过后，村民会在这里种些高粱、黍子或豆子，至秋可收获不少粮食。每年入冬，村民便要砍伐秸秆，收拾场地，为年后仪式做准备。久而久之，这块地就成为庙宇系统中不可或缺的部分。

孙膑庙

庙宇南面，有2011年左右修建的三间庙宇办公室，最北边的一间用来接待来访者；中间的一间作为妇女剪牛毛、糊牛毛的地方；最南侧的一间，屋高约6米，专门用来放置未扎制完工的大牛。随着所扎大牛体型的逐渐变大，这间房屋竟然放不下了。于是在2015年村民捐款筹钱，又在庙宇下面的东侧修建了一间屋宇更高的铁顶房，以供存放。2015年，庙委会还花费10多万元，为庙前斜坡新修了水泥台阶与小山门，台阶共28层，宽10多米，很是气派。村民前往庙宇烧香，要先爬过几十级石阶，颇有朝拜之感。

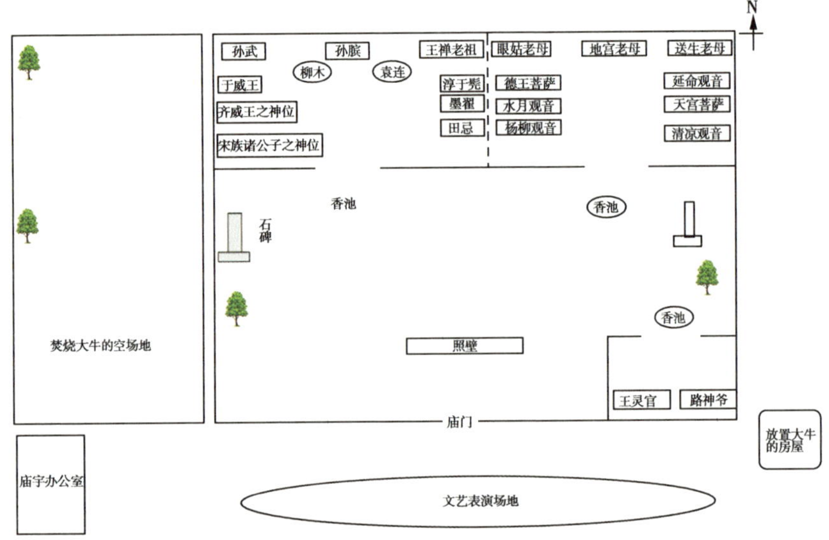

东永安村孙膑庙及周围空间示意图

整座庙宇群在安排东、西两殿时，依然遵照过去庙宇的建筑格局，即老母殿在东侧（当地有“东为贵”之说），孙膑殿在西侧。为何老母殿在东侧贵地？村民中间流传着一则“孙膑、老母争地”的传说：孙膑仙游各地，打算给自己选个落脚处，来到东永安村，觉得此地是块风水宝地，适宜居住，于是就埋了一本书占据此地。埋好以后，恰好老母娘娘路过，也看中此地，打算埋下自己的一只绣花鞋，但是三挖两挖就挖到了这本书，仔细一看是孙膑的，她就把书拿出来，把鞋子放到下面，孙膑的书放在上面。最后两位仙人开始争夺宝地，为证明自己来得早，就将信物挖出来看，结果当然是书在鞋的上面，于是老母殿便在东面，孙膑殿则居于西侧。

庙宇壁画的内容大致与庙内诸神有关。孙膑庙殿外的壁画为村民丛兴江所画。西侧画的是“马陵之战”，描绘了孙膑与庞涓交战的情形，其他则是表现孙膑的一生行迹。老母殿外的壁画，取自“韩湘子度韩愈”的典故，并附有韩愈《左迁至蓝关示侄孙湘》诗：

一封朝奏九重天，夕贬潮阳路八千。
欲为圣明除弊事，肯将衰朽惜残年。
云横秦岭家何在，雪拥蓝关马不前。
知汝远来应有意，好收吾骨瘴江边。

孙膑庙老母殿“韩湘子度韩愈”壁画

殿外墙壁其他部分，还绘有唐僧、孙悟空、猪八戒、沙僧西天取经的故事，观音菩萨南海修炼的画像，如来佛祖画像，山间古庙图及松树、竹子、芭蕉等植物。

孙膑庙内壁画为一位外村木匠所绘制。其中，孙膑殿内壁画为：在孙膑神像后，画有两条黄龙以及花朵，旁为仙鹤与青松；在齐威王、淳于髡等像后，画有一魏国战士骑马作战图；在田忌、墨翟等像后，画有白胡须的鬼谷子山间修道图；孙武像后为祥云；在王禅老祖后，画有两童子执扇图。在孙膑

殿内的空白处,还画有尉迟敬德、秦琼的画像,诸葛亮在城墙上惩治恶鬼图,两位道家老人于山间悠闲地下棋,另外还有在监狱中受惩治的罪犯和福寿葫芦等。在孙膑庙的梁柱上,雕刻有双龙戏珠、花鸟呈祥、游鱼荷香等图样。老母殿内的壁画主要有:在老母塑像后,画有两只凤凰与祥云;在送生娘娘塑像后,画有两个幼儿与祥云纹样;在眼光老母后,画有祥云纹样;在清凉老母、天宫菩萨塑像后,画有骑龙童子与仙鹤图;在德王菩萨与杨柳观音后,画有女子飞天像。在老母殿内的空白处,还画有八仙群像。对于这些壁画内容的设计,村民从兴江自有说法:

> 这些壁画是水粉画。在庙西面我画的是"韩湘子点韩愈"。韩愈上任走到蓝关,马走不动了,韩湘子就来解救了他,跟他说这都是上天注定的事儿。西边孙膑庙画的是孙膑和庞涓,他们不是打仗么,孙膑把庞涓气死了,我画的就是这一出。东边还有麒麟送子,南墙上画的是南极、北斗;外墙上画的是……田忌连夜赶到魏国,魏国封他为公卿,这在画上没注明。庙东三间,画的是唐僧上西天见了如来佛的事。①

壁画内容中的大部分,都是村民所熟知的,不外乎升仙成佛的传说。其实,村民对于壁画并不甚关注,壁画更多的是承担了庙宇的装饰功能——增加了庙宇的神圣色彩。

孙膑殿内孙膑像

据村民传说,东永安村孙膑庙所处位置,曾是孙膑隐居时渔猎的苑囿,因为这一地带水草丰富,孙膑常来此钓鱼。此外,也不乏孙膑庙与近代名人的传奇故事。例如,1907 年陈干从日本回国后,住在附近的龙池镇白塔村。他经常骑马或徒步到此地,与同盟会会员、昌邑议事会会长李长庚(渔洞埠村人)商议昌邑的反清事宜。这年秋天,陈

① 从兴江,男,东永安村人。访谈时间:2011 年 10 月 2 日。

干去李长庚家的途中，黄昏遇雨，避雨来到东永安村的孙膑古庙，曾题诗《偶成》于庙门："荒村人朴实，洼地淤泥深。日落西山里，潇潇古寺门。"[①]

(二)重建过程

目前村中的孙膑庙为1997年重修。当时，周围村落都还没有复建庙宇，东永安村是最早重建庙宇的村落。倡修庙宇的村民有吕瑞孝、吕佃义、丛悦傲、丛介训等，当时很多妇女时常来村西高埠烧香祭拜孙膑，为了方便村民，便决定在原址上重建庙宇。盖庙前，村民吕瑞孝、吕述增、丛介训等还专门带着木匠去昌邑青山、寒亭柳毅山参观，学习庙宇建筑形式、神像格局等。村民丛乐训2000年所撰写的重修孙膑庙碑文，叙说了庙宇重建的来龙去脉：

当思神圣之德惠施人间，福化人间之苦难。古有传，今有验，其灵感莫若于神耶。吾村西虎埠，自有明万历年间建有老母、孙子庙两座，赫声濯灵，诚一方之宝刹也。庇佑吾方，无灾无难，逢凶化吉，灵感甚验，乃因遭兵燹之灾，时代变革，其庙宇倒塌，变为荒场有年，甚非善信者尊神敬佛之遗愿矣。道逢盛世，人心安定，好善者崇神之愿油然生矣。众心向往，于是共议重修宝刹，众信士不惮劳辛，不畏艰难，自愿筹资，复建老母孙子大殿，妆塑神像。庶尊神敬佛之诚心，感佛祖之盛德，每逢初一、十五，奉香纸钱，祭祀祈求神祖，保佑吾方无灾无难，风调雨顺，乐享太平，故而悬匾立碣，以志表众好善之诚心，亦见神盛德之感焉尔。

丛乐训　撰文

会首　吕佃义　吕瑞孝　吕言信　吕殿普　吕兴起　丛悦敖

丛介训　丛召训　丛兴江　丛宗训　吕富英　吕世杰　立石

公元2000年4月榖旦

按照庙委会的商议，碑文由丛氏家族文化人丛乐训、丛兴江共同撰写，但在碑文的撰写过程中，却有着这样一段小插曲。据丛乐训讲：

建起庙后得写碑文，俺这个村有个人叫兴江，续谱时他也参加了，吕世能本来安排让俺俩写，兴江没和我说。一天，我去殿信那儿玩，吕世能叫住我，说："你写完那个碑文了吗？"我说："我不知道这事啊！"他

① 参见王蔚成主编：《昌邑文化博览》(上)，齐鲁书社2000年版，第102、103页。

说："兴江没和你说么？""没和我说呢！"我对兴江多少生了点气："你不是不和我说么，我偏写！"我和瑞孝说了说，打开门，想看看原来的碑文。碑文字迹不大清楚，我就用毛巾抹干净，扒(抄)下来看。根据原碑文的意思作了这个碑文。写完草稿以后，我就去兴江那儿，和他说起这件事来。我开玩笑说："兴江，庙上让咱两个写碑文，你写完了么？"他说："没！"我说："你不用装了，你快拿出来给我看看。"他拿了出来，我一看，他写的是："改革开放以来……"我说："我也写了一个，你看看。"他看了说："使(用)你这个吧，我写得不行。"我说："我也觉得你的不行。你都不去庙里看看，得符合原碑文的意思。"①

这段小插曲，饶有兴味。首先可以看出从乐训、从兴江两人对于宗族公益事务十分热心，都有当仁不让、舍我其谁的责任意识。其次，撰文刻石即"立言"，如同做人以"立德"一样，都可以流传后世。无论什么时候，村民进庙烧香，总不免要对庙内碑文品评一番，如果在碑刻上能看到祖辈名字，则会无比自豪。"碑上有名"，对于村民来说是一种光耀后人、贴近永恒的方式。

重建孙膑庙面临的最大的难题是资金。尽管在 20 世纪 90 年代，村民的经济生活较以前有了很大改善，但修一座庙宇，对于村民来说仍是一件大事。两庙相继重建，全靠村民自筹资金。庙委会规定，本村从、吕家族每位村民捐款数额不得低于 10 元，但所筹资金依然不足。为了募集足够的修庙资金，从、吕家族的村民分为十几个小组前去各村缘簿，每个小组两三人不等，这些小组成员基本都是修庙的年长者。缘簿的工具就是一张宣传纸，其上写着庙宇修建的原因、时间以及希望善人筹些善款等，村民将这些缘簿纸贴在其他村落中。每至一个村落，都会先和村中较为熟悉的善人联系，如果没有熟悉的便会打听村里谁是善人，然后带着礼品前去，中午在善人家就餐，最后请善人捐些钱财。据说每户善人捐款金额都是自愿的，最多的捐 10 块钱，多数为 5 块、6 块、8 块不等，有时所联系的善人也会帮着在自家村落代收捐款。他们以步行和自行车为主，所去村落距离上并没有限制，只要是能联系到的都会前去，有时还会跨县。为建孙膑庙，吕瑞婷讲述了她外出缘簿的详细过程：

① 从乐训，男，东永安村人。访谈时间：2015 年 4 月 22 日。

我跑过整个公社，有远东庄、徐林、东侯富庄、西侯富庄、中侯富庄、家庄、侯章、肖家埠、兴福、裴庄、双台、渔埠和渔洞埠村。当时两人一组围着整个公社筹集资金，没有交通工具，只能步行。到了一个村后，先问这里谁是善人，谁烧香，问清后先去她家，让她领着去别人家；再一个就是有亲戚的，托亲戚去联络。正月里，去亲戚家，不能空手去。过年时俺儿子给我买的东西有饼干、罐头……我都拿着，中午在人家家里吃饭，走时把东西留下。东北角有个营子村，吕春英他娘跟我说，咱上营子吧。我说不去了，我过年的东西都送干净了。她说不要紧，要给我拿上，最后我也没去。有一天俺家老汉要我去北边柳疃去收钱，找俺妗子。我不高兴，说收钱想起来你妗子了，你都两年没给你妗子磕头了。我就没去。其余的村子基本都联系了，渔洞埠找的俺姑，桃埠找的俺妹妹；博乐埠找的是俺一个表亲，还有俺叔伯亲戚；侯章找的春英他娘家的亲戚，侯富庄找的是我表姐。村里有亲戚的先找亲戚，没亲戚的再找热心的善人。人家给多少都不嫌少，要给人家写上名。从开始建庙就跑，收了好几个月，每个人平均收了1000元左右。①

所有捐款按照数额多少，以不同的形式记录：捐5块钱的用纸张榜，当年贴；捐10块钱的用簿记录，保留下来，每年正月十四挂在庙墙上（该记录簿后来不幸被烧掉了）；捐50元的写在匾上，存于殿内；捐100元及以上的刊载于碑刻。这些历尽辛苦缘簿的村民以及庙宇修建的团队最终也以碑刻的形式载录，以流芳百世。尽管这些碑不甚为香客们重视，但是村内人大都知道其内容是载录的捐赠者，也非常肯定这些最初为建庙而奔波的村民所做的贡献，认为“这些老人们都出了力了”。庙宇落成后，于2000年4月刻立石碑记载：

万古流芳

化捐人：刘桂芬　吕瑞婷　宋佩香　徐桂芝　吕瑞孝　吕佃义
丛介训　吕言信　李秀美　丛孟梅　齐秀廷　丛悦娥　丛耀斌
齐秀云　林玲芬　齐素廷　车达豪　马秉霞　周方奎　赵萃霞
王克新　王秀荣　宋国正　刘效敬　杨美芝　陈瑞霞　吕世杰

① 吕瑞婷，女，东永安村人。访谈时间：2015年3月3日。

吕建军

木工：吕瑞东

捐款善人：吕秀武　丛延德　丛梦江　吕志军　吕富英　肖志圣　孙爱田　丛志美　吕浩滨　孙升海　孙军海　孙玉亮　高瑞俊　张圣山　宋达臣　齐乃金　齐安彬　齐汉章　丛浩训　丛乐训　丛忻国　丛兴华　丛湘莲　丛悦东　丛乐孝　丛梦民　吕世胜　吕世杰　吕瑞英　吕言东　宋佩香　吕志廷　吕瑞孝　吕林国　吕世新　吕孟欣　车达飞　吕瑞东　吕建敏　吕世进　吕达旺　吕殿孝　丛悦赦　吕兴起　吕言忠　吕云田　吕言长　丛振王　丛乐涛

修庙缘簿是各个村落之间交往的一种方式，尤以善人群体为主，而亲缘关系往往成为"联系人"的网络。这些外村捐款的善人们在正月十四来赶庙会时，还会和东永安村外出缘簿的老人联系，而以吕瑞婷、宋佩香等为代表的村民都会热情招待。一来二往，因缘簿而结缘的村际交往便熟络多了。外出"缘簿"是以神的名义参与村际宗教事务，善人群体在信仰的发生与再造中起着巨大的作用，以神的名义将不同村落、地域的善人群体聚集起来。

庙宇修建时并未雇工，都是村民亲自动手修建。据村民说，修庙之时，极其艰难，那时道路坑坑洼洼，村民爬着高坡往高埠上运砖、运水、搬石头，十分辛苦。常常是妇女搬石块，男性在上面盖房。在修庙过程中，曾经发生过一件神奇的事：一位60多岁的老人在搬运建庙材料的时候，不小心摔倒在地，正好载着满满一车砖的大车从他身上碾过，所有人都吓呆了，结果大车过后，他却起身拍打拍打尘土走了。[①] 村民在讲述这一奇事时，依然有着10多年前身临现场的惊奇之情。无论当时具体情况怎样，这则传说如今几乎家喻户晓。自20世纪90年代建庙至今，这样的"灵异"事件在村民的日常生活中时有发生。据村民说，在五六年前，一股强势的龙卷风从东永安村村东刮到孙膑庙的西南角，最后掉头转向西永安村、角埠村一带。龙卷风所经村子的房屋瓦片被掀起，大树被刮断，受损严重，然而东永安村却平安无事。[②] 这些事件更坚定了村民对孙膑庙神性的认同与崇拜。

---

① 丛兴江，男，东永安村人。访谈时间：2011年10月2日。
② 吕言忠，男，东永安村人。访谈时间：2015年2月26日。

(三)“庙头儿”

孙膑庙的管理主要由丛、吕家族的村民负责,设有专门的庙委会,第一负责人称为“庙头”(又称“会长”“会首”),负责张罗扎制大牛、修缮庙宇及管理庙宇日常事务。自1997年建庙至今,孙膑庙庙委会成员大致经历了三任。

第一任庙委成员中负责庙宇管理的多是重建庙宇的组织者,即村民所言的“盖庙的那些老人”,主要有吕瑞孝、吕佃义、丛悦敖、吕述增、丛兴江、丛正春、吕瑞婷等,如今这些人年龄为70～90岁不等,有的已经去世。村民吕瑞孝,是庙宇的主要倡修人,他为人谦和热情,在村民心目中很有威望,是大家公认的庙头。在孙膑庙办公室未修建以前,扎制大牛都是在吕瑞孝家院中进行的。这一任庙委班子为重建庙宇出了不少力,又不计较个人得失,村民对他们非常认可。

第二任是以老书记吕成英为代表的一班人,时间是在2010年前后,据说是因为第一任成员们年龄大了,做事情不方便,所以自2010年起,他们便开始接管庙宇。在吕成英的倡导下,大家在庙前空地修建了三间房屋:一间作为办公室,接待外人;另外两间专门用来扎制大牛,给村民带来了不少便利。这一任庙委会成员主要有:

传承领导小组

组长:丛乐海　吕成英

成员:丛延俊　吕志英　吕言忠　吕建军　吕世能　吕群英

吕瑞福　吕秀武　吕志军　丛乐涛　吕建国　丛乐训

丛延庆　吕瑞昌　丛悦军　丛悦敖　吕世聪　丛宗训

吕瑞校　丛兴孝　吕言河　丛兴友　吕世元　吕昆明

会计:丛延俊

现金保管:吕世能

物资保管:吕言忠

日常管理:吕瑞孝　丛悦敖　吕昆明

第三任庙委会是在2015年上任的。在孙膑庙前的办公室里,悬挂着一块“潍水生态保护实验区·非物质文化遗产传习所”的工作牌,上面写着新一届庙委管理成员的名单。从中可以看出,其中很多成员是上一届庙委班

子中的。如：

传承领导小组

组长：吕世敬　吕言忠　吕世能

成员：吕瑞福　丛兴友　吕瑞喜　丛延明　吕秀武　吕志军
吕群英　吕成英　吕志英　吕建国　吕言国　丛延俊
吕建军　丛延庆　吕世兴　吕言河　丛乐东　丛悦军
吕昆明　吕昆良　丛维仁　丛悦华　吕兴国　丛孟兆
吕世聪　吕世起　吕京伟　吕同民　吕世武　吕瑞新
吕吉祥　丛乐恒　丛杭州　丛传伟

会计：吕克祥

现金保管：吕世能

物资保管：吕言忠

日常管理：吕昆明　吕世能

这份对外公示的组织名单，是庙头吕世敬拟定的。尽管有些村民并没有实质性地参与庙宇日常管理，而是长年在外包工，但却因能为庙宇捐款而在名单之中。这次庙委会成员共选出42位村民，其中吕姓30位，丛姓12位，三位组长全为吕姓村民，组长之一吕世敬被大家推为“庙头”。吕世敬之所以被推为“庙头”，也并非偶然：

吕言忠：孙膑庙得找个传承人，大队殿德书记找了我两三次了，他想让我干。我年纪大了，脑子不好使。我让（吕）世能干，他也不干。让瑞福干吧，他说家里不让干。俺家里（妻子）说，你去南边找世敬吧，他爹和他娘都信仰这个事。我一想这事不二乎（有谱）。

吕世敬：我这个年龄不合适啊，你再找别人问问。

吕言忠：我也找了旁人（别人）了，刚才说了，咱得找对这咱个庙影响力大的家庭。

吕世敬：我忒年轻，原先也没参与过，要是参与过还行，没参与过，又不懂哩。

吕言忠：懂的不懂的，有俺们在这儿帮你嘛。

吕世敬：唉，你不知道，过去俺爹管着这个事，我再去接他的班，又没参与过，真不合适。

吕言忠：这事你干也得干，你得这样想，老的栽树，小的乘凉啊。[1]

上述这段推选“庙头”的商议过程并不是实时记录，而是为拍摄文化部节日影像志《烧大牛》的需要而还原的生活场景。尽管面对着摄像机，两人的谈话略显不自然，但依然透露出不少信息。其实，孙膑庙庙头推举之事，与“孙膑崇拜”项目评选省级非遗有关，因此需要选择一位“传承人”，即村民话语中的“庙头”。村民吕世敬被大家推为庙头，很大程度上是因为父亲吕瑞孝是建庙后的第一任庙头，曾带头修建庙宇，而他的母亲齐玉兰（东永安村人）自婚后一直在西庙张罗，念经烧香祭拜。家庭渊源使得吕世敬的“接班”合情合理，村民也没有意见。吕世敬上任后，对庙内事务的确很上心，甚至不惜将个人在外的包工事务暂放一边，因而在短期内即获得村民支持。在东永安村，虽然庙宇事务于个人而言不会产生经济利益，但庙头的角色意味着可以接触更多的外部资源。每当有外来人员来村里后，多会先接触庙头。同时，掌管庙宇，可以积攒个人威望，获得的是道德层面的名声，对将来的事业或者进入村政系统都有益处。

庙委会一项最主要的任务，就是每年张罗组织扎制大牛，并协助当地政府非遗中心，遴选省级非物质文化遗产孙膑崇拜项目的传承人。自 2008 年以来，孙膑崇拜项目传承人与传承谱系共经历了三次确定过程。项目最初申报的传承人为村民丛乐涛，他从事建筑运输工作，后组织秧歌队进行商业演出，还在潍北农场承包种植了 13 公顷棉花。他的父亲丛介训是 20 世纪 90 年代庙宇重建时的主要成员之一。在村民眼里，丛乐涛是个活动能力很强、热心村内公共事务的人。每次庙内组织活动，丛乐涛都会积极捐款。据他个人讲述，当时让他当传承人，也是因为他比较热心公益事业，常常免费提供砖瓦材料。[2] 2012 年，丛乐涛因病去世，潍坊市级非遗传承人便需要重新选定。这项工作由都昌街道办公室李云龙承担，他在 2013 年春节将拟定好的传承谱系等资料，印成宣传板悬挂在庙内办公室的墙上。传承情况具体如下：

---

① 山东青年政治学院赵玉亮等拍摄：《中国节日影像志·“烧大牛”》，2016 年 2 月 18 日。

② 丛乐涛，男，东永安村人。访谈时间：2011 年 10 月 2 日。

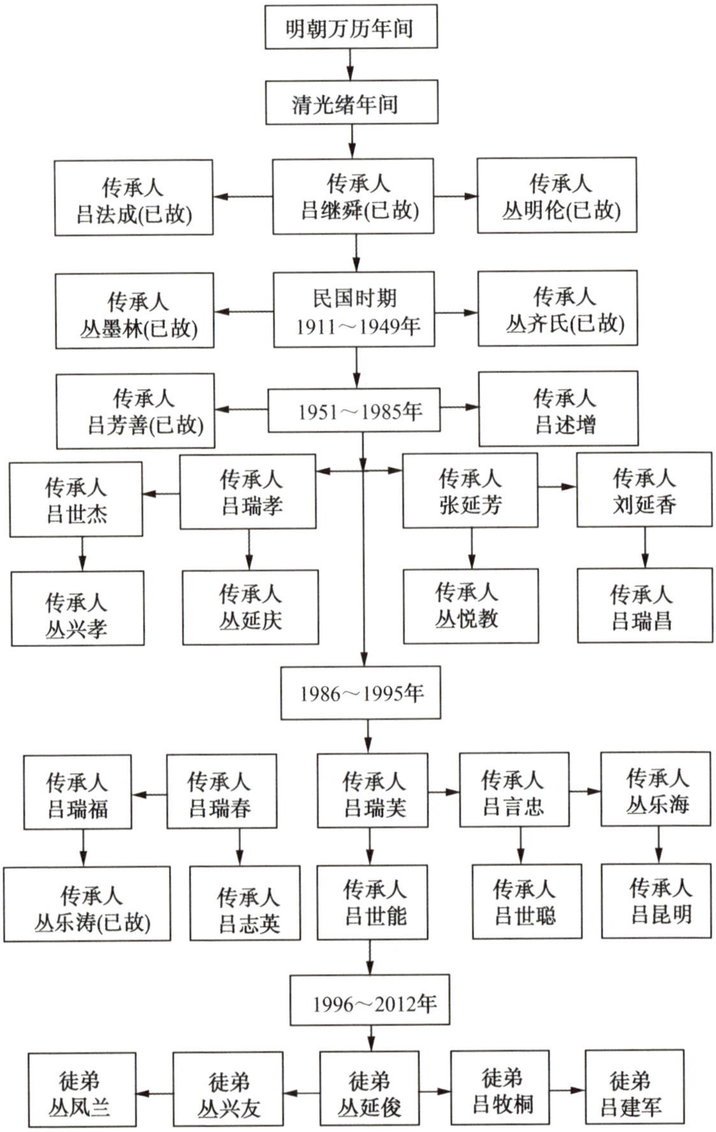

明朝万历年间

↓

清光绪年间

↓

传承人 吕法成(已故) ← 传承人 吕继舜(已故) → 传承人 从明伦(已故)

↓

传承人 从墨林(已故) ← 民国时期 1911～1949年 → 传承人 从齐氏(已故)

↓

传承人 吕芳善(已故) ← 1951～1985年 → 传承人 吕述增

传承人 吕世杰 ← 传承人 吕瑞孝 ↔ 传承人 张延芳 → 传承人 刘延香

传承人 吕世杰 ↓ 传承人 从兴孝

传承人 吕瑞孝 ↓ 传承人 从延庆

传承人 张延芳 ↓ 传承人 从悦教

传承人 刘延香 ↓ 传承人 吕瑞昌

↓

1986～1995年

↓

传承人 吕瑞福 ← 传承人 吕瑞春 ← 传承人 吕瑞芙 → 传承人 吕言忠 → 传承人 从乐海

传承人 吕瑞福 ↓ 传承人 从乐涛(已故)

传承人 吕瑞春 ↓ 传承人 吕志英

传承人 吕瑞芙 ↓ 传承人 吕世能

传承人 吕言忠 ↓ 传承人 吕世聪

传承人 从乐海 ↓ 传承人 吕昆明

↓

1996～2012年

↓

徒弟 从风兰 ← 徒弟 从兴友 ← 徒弟 从延俊 → 徒弟 吕牧桐 → 徒弟 吕建军

孙膑崇拜项目传承谱系

清朝光绪年间的三位传承人是依庙内清光绪二年(1876 年)碑刻所记载的三位会首，负责当时庙宇管理；1949～1995 年所列的 20 位传承人多是参与重建庙宇的年长者，其中村民吕述增在没有建庙前与吕瑞孝等负责扎制烧祭，他对大牛有着深厚的感情。尽管近些年他身体不好，常常需要输液，

但正月十四庙会期间他依然坚持去看看大牛。传承人中两位老年女性，是剪制灯笼、牛鞍等大牛装饰品的村民。据李云龙说，考虑到大牛仪式是个集体活动，便将各个扎制环节的人员纳入。因为整个扎制过程有男有女，因此传承人也应有女性。如张延芳嫁入吕家，负责剪纸、灯笼、花饰等工作。事实上，除了上述所列人员，“烧大牛”仪式的传承人中依然有很多未被列入的，因为涉及村民太多，也只能是尽量选择在当地有威望的村民。

二、玉皇庙

(一)庙宇空间

玉皇庙，始建年代无从得知，据庙内现存道光五年(1825 年)碑刻记载，至晚在道光五年(1825 年)修建。目前的玉皇庙，于 1997 年 11 月开始修建，1999 年落成。玉皇庙主要分为前殿、后殿与东殿，所塑神像齐全，主要由齐乃瑞等村民设计。前殿正神位是南海观世音菩萨，后殿正神位为玉皇大帝。东殿共三间房屋：一间正神位是路神，为 2009 年齐安禄组织修建；一间作为庙宇办公室，接待来访者；另一间主要放置杂物。墙壁挂有十几幅女神画像，还有三幅民国时期的老画像，画像下面的台子上放置了近百尊大大小小的观音老母塑像，这些神像原本停放在村民家中，玉皇庙宇建成后便将其挪至在庙中供奉。2016 年，庙委会在玉皇庙前面修建了山门。

玉皇庙

虽然玉皇庙面积、规制与旧时相差无几，但庙内所奉神灵差异较大。旧时整座庙宇称为“三官庙”，分为前、后两殿，还建有道房、钟楼等。前殿为三

官殿，正神位为天官、地官和水官；后殿是玉皇殿，正神位为玉皇大帝，1937年时还曾翻修过。庙门前两只雄狮固蹲，院内墙边栽有数棵松柏。庙后有一大水湾，日常生活用水都从这里抽取。从庙宇名称及村民口述来看，旧时前殿三官的香火要比后殿玉皇殿旺盛。[①] 不过庙内现存最早的道光二年（1822年）碑刻，则以玉皇大帝为主题刻碑记述，赞扬玉皇大帝的灵验，保一方平安。或许在道光年间，玉皇大帝信仰已经超过前殿三官信仰。民国时期，前殿三官庙更加衰落。前殿三官殿在战乱时与西庙孙膑庙一起被毁掉了，但后殿玉皇殿被村民用作仓库，一直到"文化大革命"后期才被毁掉。

据村民说，旧时三官庙为社庙，每逢干旱，庙内的道士常常组织村内善人在三官庙前跪神祈雨。[②] 道士们一边念叨古经文，一边敲打木鱼，善人常常要连着跪十几天。祈雨时至少要有18个寡妇参与，村内坑湾很多，内多干涸。这些寡妇们各拿着一把扫帚，牵着绳子，非常有秩序地在干涸的积水湾内打扫，同时嘴里还要念叨："天也干，地也干，十八个寡妇来扫湾。扫得小雨纷纷下，扫得大雨淌满湾。"在村民看来，东庙祈雨不仅历史悠久，而且非常灵验。如村民齐占亮说：

> 祈雨这个事也是一辈辈传下来的。有一年赶上山东大旱，连草根都被吃光了。善人就到庄东头的这个庙，求告天老爷下雨。头一遍祈雨，没有祈下来。第二遍那个善人头儿说："咱还是不真心，这回咱真心跪在庙前，腰里绑上香，点上，再不下雨咱就跟它同归于尽。"待了不多时，西北来了一块黑云彩，顿时倾盆大雨，直接就把香熄灭了，善人们得救了，庄稼也得救了。[③]

直到今天，祈雨这种祈禳丰收、求得风调雨顺的巫术活动仍有存在。如2014年，东永安村一带又逢干旱，玉米叶子多已发黄打卷，并且正开始长穗，急需要水，女香头便开始召集善人祈雨，大约祈求了三个中午，果真下起了小雨。

---

① 齐乃信，男，东永安村人。访谈时间：2014年11月7日。
② 齐乃信，男，东永安村人。访谈时间：2014年11月7日。
③ 齐占亮，男，东永安村人。访谈时间：2016年1月17日。

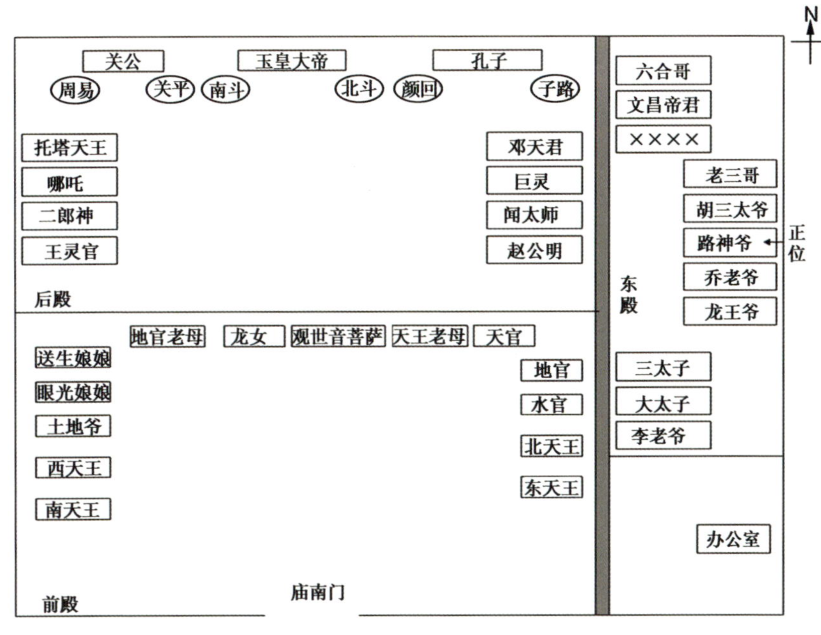

东永安村玉皇庙神圣空间示意图

玉皇庙庙内现存最早的碑刻为道光五年(1825年)所立,碑文如下:

万古流芳

盖闻维天之命,于穆不已,天之所以为天,非徒轻清上净,浑浑无涯已也。玉皇上帝主宰于其间,凡属黎民,莫不保之佑之护之庇之,会中俱备平安,亦莫不天佑也,为此立石,垂诸以远,非敢云报也,聊以答生成之至意焉耳。

昌邑庠生齐德普撰。

合会齐成玉、齐天志、齐志芳、齐志为、齐成麟、齐山、齐志松、齐成海、齐天述、齐太山、齐太安、齐天云、齐天福、齐天海、齐天文、齐太初、齐得富

仝拜。

大清道光五年正月穀旦

玉皇庙内墙壁上的绘画为昌邑民间艺人翟玉龙所绘。他常常给昌邑一带庙宇塑像画壁画,对于他的艺术水平,村民很是认可。据村民说,刚画完那些年,他还常常来庙内看看,对自己的作品颇为满意。庙宇前殿的对联为

玉皇大帝塑像

“重修玉皇庙宇人心所向，再塑三官丕像众生所愿”，影壁前的对联是“风调雨顺民安乐，海晏河清世太平”，还有众多的“佛”“国泰民安”等字样以及黄色的“南无阿弥陀佛”等小条幅，庙宇布置较为讲究。这些庙宇的神像布置以及年节时庙宇的对联张贴，体现了村民抽象的祈愿追求。与主神玉皇大帝的掌管天下职能相映成趣的是，村民也追求“国泰民安”“天下太平”，以拯救、庇佑天下沧桑为己任。整个庙宇也是大马的扎制点，比起高大的枣红马来，庙宇显得较小，以至于扎制好的大马还要从墙头上抬出去。村民意识到这一点后，打算筹款修建几间像孙膑庙那样专门的扎制房间。

玉皇庙重建之初，孙膑庙委员会还曾与村东齐氏家族有过磋商。20世纪90年代，村内的女善人群体常在一起念经。她们在各自的庙宇旧址上烧香纸、磕头，后来丛、吕家族的女善人们认为应该重建孙膑庙宇，并且跟埠东的女善人商量，能否将玉皇殿也一并修在村西孙膑庙。埠东的齐姓村民则觉得应该按照过去的格局修建，不能在一起合建：

> 修玉皇庙是从女善人们开始的。姓吕的跟埠东的女善人说要把玉皇庙建在他们那(西庙)，女善人一寻思(想)，原来不是这样的，原来是什么庙就是什么庙，不能在一块，咱这庙怎么能盖人家那去，起了(异)议。女善人一商议，就去找俺们这些男的，开始盖了。他们西庙比俺们早了一年。①
>
> 俺们西庙这边一盖起来，埠东也开始商议盖玉皇庙了，他们东庙都是用土垫起来的。②

1998年玉皇庙庙宇新建落成后，村民立碑记述了这次重修玉皇庙的过

① 齐乃信，男，东永安村人。访谈时间：2014年11月7日。
② 丛乐训，男，东永安村人。访谈时间：2015年4月22日。

程，碑文如下：

流芳百世

盖闻昊天金阙至尊玉皇大帝，总管三界十方四生六道一切福祸，凡属黎民莫不矢佑。其扬善疾恶，积德立功者，俱各平安无恙。三官大殿诸神灵，司风调雨顺，人丁兴旺，康泰发运，予以衷肠，求心安理得之乐。时逢盛世升平，安居乐业，乡里众生，虔诚备至，乃重修玉皇三官大殿，顶礼膜拜，弘扬善德，诉诸夙愿，以祈福泽，此乃崇道尚德之事哉。故于一九九八年八月立石以记之。

齐乃庆撰文；塑画：翟玉龙　胡明海

合会齐忠诚、齐长荣、马秉霞、齐乃瑞、齐乃信、齐安彬、齐乃亭、齐汉忠、齐忠正、齐延寿、齐乃宽、齐乃秀、齐乃明、齐安正、齐汉章、齐乃相、齐思勤、齐忠俊、齐克庆合立。

一九九八年八月立石

1998 年，因重修玉皇庙，村民共立了三通功德碑。庙委会共 19 位，除马秉霞外，皆为齐姓村民。马秉霞是昌邑北乡柳疃镇闫家庵村人，据说她为东庙玉皇庙捐款近 10 万元，因此在齐氏家族中有很高的威望。当时东庙与西庙都在重建，她也为西庙捐了少量款项。玉皇庙的修建共花费 30 多万元，大部分是村民外出缘簿来的，除了本乡社外，村民还到昌邑其他乡社村庄，甚至到寿光、寒亭、掖县、平度等，只要有“线索”便会前去碰碰运气。玉皇庙在修建过程中还得到多家企业的捐赠，而企业单位及范围较广的捐赠也是其与孙膑庙捐款碑略有不同之处。碑上所刻人名几乎全是当时缘簿时捐款的善人，只要捐款，就几乎都刻到碑上了。这些不同地方的捐款者多以个人名义捐赠，主要是昌邑北部地区的村镇和莱州土山镇的村民。相对于西庙，齐家修庙捐赠网络更为广泛。

从整个修庙过程中可以看出，一方面齐氏家族的玉皇庙的捐款来源，除了一些本村包工头外，还有昌邑市、潍坊市等一些企业参与了捐赠，这很大程度上是与齐家多有在外任职有关。另一方面，与为西庙事务捐款的齐氏家族人员类同，为东庙捐款的丛、吕家族人员也多是在外承包工程或者做布匹、打铁等个体生意的村民。这部分群体经济条件好，较为活跃，彼此之间很多都是亲友关系，形成了一个独特的圈层。他们在外相互帮忙共享各种资源，对于村内的庙宇等公共事务则相互捐赠，而捐款较多者往往有着礼仪

互馈的还报关系，这种家族“跨界”的行为在村民看来是合情合理的。

(二)组织管理

自建庙以来，玉皇庙庙委会经历了两任，2015年以前庙委会成员主要有齐乃瑞、齐乃顺、齐忠诚、齐乃信、齐乃路、齐乃广等，都是1998年参与建庙的村民。这一阶段的庙会文艺活动组织者主要有齐安禄、齐彭涛等。2015年，玉皇庙庙委会管理成员更换，新任领导班子成员是由齐乃信等上届老成员指定的，选择的是热心公益、忠厚老实、不计得失、脾气随和的50～70岁的村民。与西庙相比，玉皇庙庙委会成员更替时虽然亦有不同意见，但老一代建庙成员仍然有很高的话语权。新任玉皇庙庙委会接班人有6位，分别是齐汉庆、齐殿栋、齐世杰、齐忠华、齐学斌和齐忠茂。据说，这一名单在当初是经过仔细商量筛选的。庙委会成员们的主要任务，是负责农历每月初一、十五开门，进入腊月以后负责组织扎制大马。

2015年农历三月十八日玉皇庙新修，刻碑留名。具体内容如下：

碑阳：

善缘奉玉皇

刘马齐齐齐齐齐
秀秉乃忠乃安佃
英霞信诚瑞美栋

扎马人员
齐齐齐齐齐齐齐齐齐齐齐齐齐齐齐齐齐齐齐齐齐齐齐齐齐齐齐
思世忠国学汉安安占学学学学忠学学占澎忠延安学忠克学文
杰良茂涛斌庆正明礼明语森强顺聪增亮涛伟伟东义柱民文彦

献款人员
齐齐丛
汉建乐
杰国明

齐齐齐丛齐齐吕吕吕
学鲁学欣乃军群瑞秀
富文书涛利平英斌武

齐齐齐齐齐齐齐齐齐陈齐齐齐齐齐齐齐齐齐齐齐齐齐
学学学学学学学海金修磊新忠学学学学乃乃强晓建建
中贵海江智谦山洋平宽州涛秋涛蛟飞良宗刚强亮春伟

齐吕齐齐齐齐齐齐齐齐齐齐齐齐张马齐丛齐
国世常文克克忠忠忠佃汉学忠鲁国立占乐万
栋庆敏凤山亮志宝强起俊龙新生立军文杰鹏

郭李岱刘潍胡毕张王四药金下郇韩韩姜马姜新宿
　乃邱东坊崇如海洪方　顺　岩昌伟凤训　　代
疃有村旭市起清波军制　法营欣敬伟君杰平河平

太西吴
保术连
庄村亭

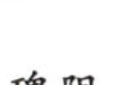

碑阴：

公元二零一五年正月初九日两委会　立

该碑人员分为三类：第一排前 2 位是捐款较多的人员，后面 5 位是组织重建庙宇的村民；扎马人员共 26 位，全是齐姓村民，其实也并不专指参加扎制大马者，还包括一些参与文艺表演的村民；献祭人员主要是指捐款的人员，大多是在外务工以及村内个体经济条件较好的村民。

谈起村落中的两座庙宇，村民大都习惯于说“齐家的东庙”“丛家和吕家的西庙”。东庙和西庙日常少有来往，不过因为西庙没有玉皇大帝的神位，西庙庙委会便于正月初九和农历六月二十四日将自己扎好的枣红马拿去玉皇庙烧掉，这种情况自 2003 年开始持续了五六年。大约自 2007 年起，西庙不再扎制大马送至东庙。在年节期间举行的庙会中，三大家族对于两庙仪式活动的捐款也有着明显的家族边界体现。村东的玉皇庙基本为齐氏家族捐款，而丛、吕家族村民捐款较少；同样，村西的孙膑庙也主要是丛、吕家族的村民捐款，并且两边扎制牛、马的过程彼此都不参与。据说，对于村内两个节俗所需要的扎制费用，村委最初每年为东庙、西庙各资助 1000 元，近几年扎制大牛、大马的费用基本够了，村委便不再资助了。目前，仪式捐款主要来自本村村民，且皆为村民自愿，数额也没有限制。每年庙会期间，都会将本年度为扎制大牛、大马而捐款的村民姓名以及捐赠数额列红榜公示，吸引了不少前来赶庙会者驻足观看。这些榜单多贴在庙宇附近，有时也会贴在街道两旁比较显眼的位置，格外醒目。

扎制大马捐款榜(2015 年)

2007 年，西庙孙膑崇拜项目被评为昌邑市非物质文化遗产；2008 年，入选潍坊市第二批非物质文化遗产名录；2015 年，入选山东省第四批非物质文化遗产名录。孙膑庙办公室，也有了官方化的称谓，即“潍水文化生态保护实验区·非物质文化遗产传习所”。庙会期间，西庙墙壁上会挂出醒目的“非物质文化遗产”横幅。在熙熙攘攘的庙会上，这些红色标语格外显眼。以国家非物质文化遗产制度为代表的政治话语的介入，使得西庙更加兴盛闻名，吸引来了更多外来人员。村民逐渐意识到“非遗”的价值，对于“非遗”体现出了相当大的热情。村民吕成英说：

> 得让省里批下来，钱不是个事。俺这大牛有群众基础，一说扎大牛，村民都来……俺这大牛也有个样，你回去“吹吹风”，给俺使使劲，多给俺说说，俺应该做什么事，咱们把这事儿（省级非遗）办好。俺们都是自发的，捐款也是自愿的，不是说让大家非得拿多少钱。你说那小章竹马（省级非遗），它就是跑个竹马，化化妆表演，几个人就完成了，形式也不复杂。俺们这里面结构非常复杂。大牛从扎制、编排到剪纸需要很多人，不是说几个人别出心裁就能办得了的。俺村扎牛也不是现在才兴起的事儿，建庙以后就有这个项目，不过那时规模小点，经济条件不行，人员也没那么多。①

见多识广的村民吕成英，从三个方面觉得大牛应该入选省级非物质文化遗产：一是扎制历史悠久；二是扎制技艺精湛；三是组织化程度高。在他看来，只是几十人唱唱跳跳的小章竹马（昌邑市围子街道西小章村）都能入选山东省级“非遗”，那么历史悠久并且组织性较强的“烧大牛”就更应该被选上。身为西庙会首的他自然从西庙利益出发，希望“烧大牛”可以成为省级“非遗”。

当 2015 年“烧大牛”仪式以“孙膑崇拜”项目入选山东省第四批非物质文化遗产名录时，东庙村民也沉不住气了，他们觉得自家的“烧大马”仪式也应该被评上：

> “烧大马”历史很久了，只不过在“文化大革命”时给破坏了。你看到那个老碑了么？老碑是道光五年（1825 年）立的。②

---

① 吕成英，男，东永安村人。访谈时间：2014 年 4 月 27 日。

② 齐乃瑞，男，东永安村人。访谈时间：2012 年 1 月 31 日。

2016 年，东庙玉皇庙也被评为昌邑市非物质文化遗产。在村民看来，“非遗”的标签代表了国家政府的权威认定，自家的仪式活动由此得以在周边乡村社会中凸显，是备感荣耀的事。

第五章 正月里的“耍景”

每年正月，东永安村会举办两次盛大的庙会活动：一次是丛、吕两家以孙膑崇拜为旗号、以孙膑庙为依托于正月十四举行的“烧大牛”（又称“发老牛”）仪式；另一次是齐家以玉皇庙为依托，于正月初九举行祭祀玉皇大帝的“烧大马”仪式。在东永安村民看来，庙会活动是春节期间不可或缺的“耍景”，有了这样的“耍景”才有过年的样儿。奔放激昂的敲锣打鼓声，仿佛一下子唤醒了沉睡的冬天，空气里都弥漫着勃勃生机。

一、“烧大牛”

每年一度以纪念孙膑为名义而隆重举行的“烧大牛”仪式，使得东永安村远近闻名。在该村村民心目中，孙膑是战国时期齐国著名的军事家，智慧超群，忠厚仁义，曾与庞涓在马陵交战并大获全胜，并尤为强调他拥有许多仙家本领，经常骑着大青牛巡视乡里，是这一带的保护神。“烧大牛”仪式为村内丛、吕家族所主持，被广泛认为是东永安村的文化象征。

东永安村的“烧大牛”仪式，主要集中于正月初五至十四，但进入腊月后村民便开始扎制大牛了，至正月十三扎制完毕，此后便是正月十四当天的“逛大牛”“文艺献演”“摸大牛”和“烧大牛”几个仪式环节。整个仪式呈现出较强的开放性，并没有多少神秘性。

(一)扎大牛

一进腊月，便有村民开始张罗扎制大牛。在村民的记忆中，先前所扎牛的形态与现在几近相同，均采用玉米秸、高粱秆为原料，再用金箔纸、黑纸糊好，最后贴一些装饰品。先前受制于经济条件，所扎牛的体型较小，长约2米，高约0.5米，神态活灵活现。目前村民所扎的大牛10余米长，至牛角的高度大约为7米。最近几年的大牛无论是从形体上还是外表美观上都有了很大提升，对此有些村内的老人却认为大牛形体并不太符合实际。2015年春节期间，大牛体型整体加大，村民提前至农历十一月十六开始扎制，一共扎了近2个月的时间，总花费近万元。每当正月十四庙会时，威武、漂亮的大牛在村落中格外显眼。

1949年以前，大牛扎制的场所是在不同的村户中进行的，因为体型较小，几位年长者一两天便可扎制完。1949年以后，扎制的地点固定在第一任庙头吕瑞孝家院中，一直持续了32年。据吕瑞孝老人讲述，那时候一入腊月，村内的一些老人都会来到他家忙活扎牛的工作，他沏上茶，大家边忙活边喝茶聊天，男的扎制大牛骨架、牛鞍等，女的剪花、糊纸、贴牛毛。“文化大革命”时期，仪式时断时续，村民有时也会偷偷扎制烧掉。据说，是由吕瑞孝等村民在正月十三这天扎个小黑牛，正月十四起五更时就把小牛偷偷发了。在家院中扎制也有着许多不便，逢刮风雨雪天村民便无法扎制，并且随着大牛扎制的体型逐渐增大，村民不得不修一处专门的地点用于扎制、存放未扎好的大牛骨架。2012年，第二任庙头吕成英专门修建了三间庙宇办公室，用于扎制大牛，最南边的一间特意建为高屋顶，以便装下威武的大牛。大牛骨架、牛毛、牛耳朵、牛角等扎制工作主要在此地进行。随着大牛体型的逐年增加，这间小屋便显得格外狭小。因此，2015年初，庙委又将庙宇东侧用于储放杂物的房屋进行了翻盖，屋顶加高，以便更好地存放扎好的大牛骨架。此外，大牛身上的装饰品制作如牛鞍、牛花、铃铛、灯笼等则分散在几户村民家中。譬如在吕言忠家扎制牛鞍，在张延芳老人家扎制灯笼等。对于为何选在这些家庭中扎制，村民的说法是需要一个宽敞的场地，谁家比较宽敞就去谁家。我曾多次去这些家庭观看扎制的情形，感触颇深的是妇女们边干活边拉家常，说说笑笑的惬意场景。尽管屋内原本相对比较宽敞，可是摊开

这些花花绿绿的纸张，随处可见的半成品、糨糊等依然显得拥挤，无法落脚。有时她们还会一起唱佛歌，边唱边扎。可以说，一起扎制大牛的过程，加强了村民之间某种异于日常生活的情感交流。这种公共活动的参与也带给了她们部分生活的意义。

扎制大牛骨架

随着烧牛仪式的年年举行，整套扎制活动逐渐形成了明确的分工。近些年，庙委会中主要由村民吕瑞福负责安排扎制大牛的工作。男人负责用竹竿、竹劈等扎制大牛骨架，妇女则用黄纸裁剪出宽五六厘米的“牛毛”细条，用白布缝成“牛皮”，用银箔糊成长“牛角”，用彩纸剪出牛鞍等部件和灯笼等装饰品。扎制材料包括竹竿、棉槐条、蒲苇、竹劈等，再用铁丝衔接绑定。在牛脖子下面，用一根约10厘米粗的竹竿，以支撑起高昂的牛头。由于大牛体型高大，村民在扎制牛头、牛脖子部位时，需要站在木梯高架上，妇女则帮着传递各种材料、用具等。在大牛腿部和牛身的衔接处，需用大量蒲苇秆来撑架，勾勒出大牛的饱满体态。大牛骨架扎好，还需外裹多层白布，再贴上“牛毛”。“牛毛”用双层黄纸剪制，用白面糨糊密密地粘在报纸上晾干，尽量重合不留缝隙，糊在牛身上，颇是费时。“牛角”的部位很是关键，主干部分用柔韧的细竹竿扎制而成；“牛角尖”则用质地较软的苇秆，弯成一定弧度，造型俏皮，以增强整个“牛角”的美感。大年初六一早，村民便开始组装

"大牛",一直持续到正月十三才能结束。全部扎制完后,村民多会前往观看,尤其会注意自己所负责扎制的大牛部件。譬如负责这种大牛装饰品的张延芳,在扎好的大牛前跟我详细介绍她所扎制的部件如灯笼、燕、虎等,以及一些剪制技巧,并让我进行评价,看一看是否美观。大牛的每个部件,都是整个"烧大牛"仪式活动所不可或缺的。村民在村落仪式中的理所当然的"在场",其实象征着他们在村落日常生活中天经地义的存在。换言之,村民对村落的认同感正是借助仪式参与而得以增强的。

2015年,开始扎制大牛的前几天,庙头吕世敬在孙膑庙办公室召集村内年长的老人商议扎牛事宜,笔者记录如下:

吕世敬说:"昨天咱们研究了今年的分工,争取在牛的扎制上有所改进。牛角今年改成弯的,这是第一步。咱再看看哪里还可以改进,再精细精细。"

身为前任会长的吕成英略微沉吟了一下,说:"这个牛就是牛啊,这个还能变出什么花样?"

吕世敬起身走到吕瑞福面前:"你是扎牛组长,是公认的。俺对你提个要求,争取改进,行不行?哈哈……"

吕瑞福看着地面,默不作声。

吕世敬挪动了一下凳子,坐下继续说:"人家东边的马也改好了,咱现在只把牛角改了。看看下一步哪里还能再改进?"

吕言忠笑着说:"光咱这个(电)线就乱七八糟的。"

吕世敬:"你只要把这个牛改好了,那个(电)线不成问题。(电)线是我负责的事。"

对于大牛扎制改进的商讨,核心的问题是如何扎制才能使大牛更高、更大。尽管牛角已改成略微弯曲状,但是在村民看来还是不够高大,他们仍力图攻破技术问题导致的大牛体型的限制。村民为追求圣物的高大,甚至不惜费力加高或改造村落内复杂的电线、网线等障碍物。同时,高大的圣物扎制需要更多的人参与及更复杂的组织动员,体型如此大、扎制如此费工夫的大牛或许才可以将更多的丛、吕家族的村民调动起来。就此而言,村民追求的一个重要目的是"场面"。因此,隆重的场面成为判断家族竞争力强弱的一个标准。

贴牛眼，糊牛毛

值得注意的是，尽管大牛扎制是丛、吕家族操持的事务，但在扎制过程中有些小技术不会处理，也会去请教齐氏家族的村民，请其前来帮忙：

张帅：我估计西边大牛你也能扎得了。

齐汉庆：咱不往那去。那是西庙，是吕家和丛家的，这边是咱齐家的庙。

齐汉庆妻子：（西边）也来叫他（齐汉庆）去扎。

张帅：他们也来叫过您？

齐汉庆：（叫）扎过鞍子。

张帅：啥时候过来找您的？

齐汉庆：托的人，我没去。头一年找过，我也没去。

齐汉庆妻子：两边都来叫他，开始不愿意去，后来去扎了。

齐汉庆：（西庙）扎了不会包装，让我过去看看剪纸，给指导一下。他们剪不了那个花。①

村民齐汉庆曾在东北和亲戚学过几年手工剪制，在村里颇有名气。从他的言谈中可以看出，他最初不愿前往西庙扎制，很大程度上是因为自觉是“外人”。西庙的再三邀请，使得他的这种忧虑有所减轻，最终决定帮助西庙

① 齐汉庆，男，东永安村人。访谈时间：2014 年 11 月 7 日。

完善几项扎制技术。

虽然跨界之举有时是丛、吕家族的主动邀请，不过这并不代表他们没有家族边界的观念。2013 年正月十二下午，笔者由远东庄步行前往东永安村考察大牛扎制情形，半路上遇见了东永安村民齐彭涛，他非常热情地邀请我上车一同前往。我揣想，他大概是借送我的机会正好“名正言顺”地去观看丛、吕二家扎大牛的场面吧。果然，到了孙膑庙外，他将车直接停到扎大牛的现场，一手揣兜，讪讪地观望忙碌而热闹的人群。这时，人群中忽有一男人(开玩笑式地)“踹”了他一脚，并“质问”他：“这是俺们的事儿(扎大牛)，你来干什么?”他只是乐呵呵地不停地笑。显然，两人关系很好，看似开玩笑的嬉闹，却反映出村民的家族边界观念。这期间，每天都会有家族内部热心的村民前来围观，评头论足，整个村落沉浸在自由创造的欢乐氛围之中。

近些年，随着东永安村“烧大牛”的知名度不断上升，周围乡土社会中很多村子都前来学习扎制，譬如孙斜村①，该村在每年正月庙会期间，亦举行“烧牛”仪式，但是所扎的牛与日常生活中的牛大小相差无几，见东永安村扎的高 8 米的大牛依然保持美观的模样儿，便前来学习扎制大型的黄牛。

(二)告庙

正月十三下午大牛扎制完毕后，村民还要去孙膑庙内祭祀，告示孙老爷圣物已扎制好。这项祭祀活动一般由村中的 10 多位老年妇女操持，供品由各家户拼凑，主要有猪头、鸡、鱼、炒菜、水果、点心、糖块、馒头、酒等。供桌摆在庙内的孙膑殿前，由两位年长的妇女领头，手持高香，合念《敬拜孙老爷》：“孙膑老爷真英明，保国爱民兵法通。文化遗产大宣传，国泰民安太平年。”“孙膑老爷坐了殿，保佑山东太平年；国又泰民又安，庆祝庙会大联欢。”念叨完后将香插入香炉内，最后所有村民一起跪拜，磕头三次。这天下午妇女们还会席地而坐，一起诵唱，所唱的神歌内容其实与孙膑没有多少关联，大多是较为普遍的佛歌，如《念阿弥陀佛》《奉劝世人虔诵地母经》《五报恩》等，并不是特别讲究。婉转沉静的歌声回荡在烟雾缭绕的庙宇内，让人顿觉几分神圣。

① 孙斜村，隶属昌邑市围子街道，距东永安村约 15 公里。

告　庙

(三)逛大牛

大牛巡游,村民常称为"逛大牛",显然这是迎神赛会中不可缺少的神灵巡游仪式。正月十四早晨8点左右,东永安村的锣鼓队便开始在大牛前面卖力地敲打着,秧歌队的村民也开始排练。接着孙膑庙前一阵鞭炮响过后,大牛就"起驾"了,整个大牛需要三四十位青壮年来抬。大牛游行有着固定的路线:首先从村西孙膑庙前出发,沿着村子西南方丛、吕家族居住区域的街道向南,再沿村委东侧南北街道行进,至十字路口后西拐,最后停在孙膑庙西侧空场地(见下图)。显而易见,游大牛仪式活动是围绕丛、吕家族聚居区域进行的,而非整个村落。

可以看出,巡游区域有着明显的边界,村民因此还曾有"牛区""马区"的戏称:"俺这边庙宇是丛、吕家的庙,不上齐家那边去;他们那大马是原地不动的,也不逛街。俺们这是牛区,他们那是马区。"[①]在村民强调巡游边界的同时,衍生出一种居住区域的形象对比。

① 丛悦明,男,东永安村人。访谈时间:2015年2月3日。

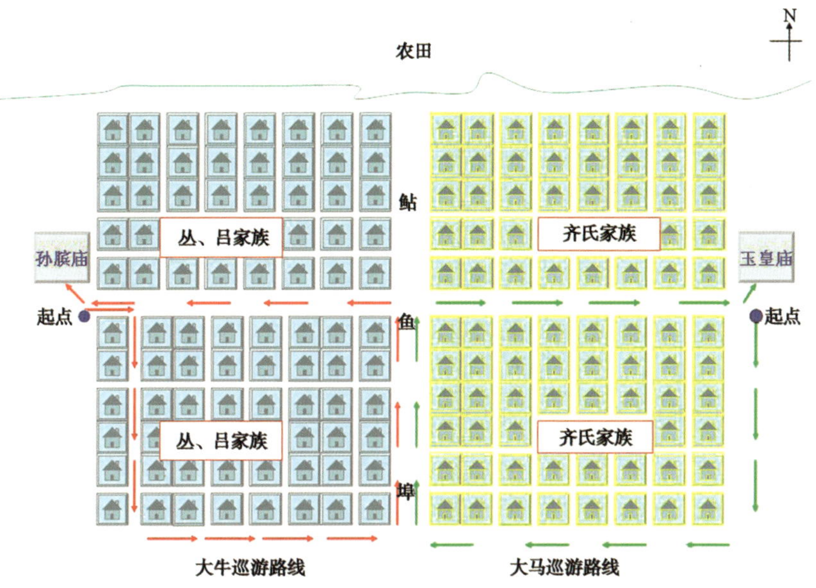

东永安村大牛、大马巡游路线示意图①

逛大牛

① 齐氏家族正月初九举行玉皇庙会，曾在2010年前后围绕齐氏家族居住区巡游，目前已不再抬大马巡游。

大牛巡游的路程虽然只有1公里，但却需要花近2个小时才能完成。巡游队伍的最前面是鞭炮队，紧跟着的是锣鼓队、秧歌队、高跷队和旱船队，然后是几十名青壮年组成的抬牛队伍，最后则是跟随巡游的众多村民以及外来香客、摄影者，整个游行队伍浩浩荡荡。一路上，每当遇有店铺、地摊，都会自发燃放鞭炮贺年，讨个吉利。金黄色的大牛在村中慢慢穿行，格外显眼，给人一种强大的视觉冲击。大牛游行，还是一种散播吉祥和福惠的途径。村民参与其中，感受神圣，祈盼得到庇佑。与此同时，大牛巡游也是一种展示，村民将耗时一个月精心扎制的工艺品隆重地展示出来，一种自豪感与荣耀感油然而生。

(四)文艺献演

到了正月十四上午10点左右，游大牛的队伍浩浩荡荡地来到庙西的空场地，将牛头朝南安放好，人们面向大牛摆好预先准备的供品，陆陆续续给孙膑老爷烧香、磕头。同时，庙前扭秧歌、踩高跷、打腰鼓、划旱船等文艺活动，也开始井然有序地上演。

在这一带，一村举行庙会，其他村落的文艺队一般也会前来助演，庙会负责人则给予他们一些交通费。近几年庙会的文艺表演队伍，除了本村的文艺队以及齐氏家族的龙灯队外，前来表演助兴的还有北兴福村舞龙队、东侯富庄秧歌队、远东庄秧歌队、油坊村腰鼓队、西永安村秧歌队等。2014年庙会期间共有34场表演，每场费用200元，为此庙委会共花费了6800元。2015年庙会表演队伍大部分来自西永安、远东、东侯富庄、徐林、渔埠、博乐埠、裴庄、李家埠、流河等村落，共15场，花费了3000元。前来东永安村表演的文艺队，需在正月十三以前与孙膑庙委会联系好，以便安排表演顺序。每年前来报名演出的文艺队非常多，很多还会排不上号。不过即便无法安排演出，他们也会前来，随便找一空地支开摊子，便开始敲锣打鼓，甚是热闹，吸引了很多村民观看。在整个表演的过程中，观看者有数万人，肃穆的庙宇、威武的大牛、欢闹的人群共同构成了年节特有的村落公共空间。

舞　龙

（五）摸大牛

摸大牛是人们喜爱的一项仪式活动，当威武的大牛在村间小路中慢悠悠地“行走”时，有些活跃的村民便踊跃上前摸一把，尤其是伴随着各项祭拜活动，人们多会去庙西空地争相摸牛。据村民回忆，以前扎制小黑牛时也会摸牛，刚出生的小儿都要被抱出来摸牛鞍。村民常说：“摸摸老牛腚，到老没有病；摸摸老牛头，吃穿不用愁。摸摸牛角不生豆，摸摸牛鞍不生癞。”以前，村民多用金箔纸剪一只独角小纸牛，贴在大门上，再在旁边用红纸写道：“西边来了大黄牛，摇头摆尾向东游。一游游到十字街，不吃粮草吃病灾。大灾小灾吃个净，全家老少不生病。”显然，这头独角神牛，已被赋予了禳灾驱邪的功能。这一带村民普遍将独角牛视为孙膑的坐骑，认为它与普通的牛不同，有着非凡的神力。据说，参加摸大牛活动的人中还有不少当地政府官员，为了怕人说笑，避免“尴尬”，往往快速地摸摸便离去。这项摸大牛的活动实际上是元宵节“散百病”的形式之一。其与目前依然较为普遍的元宵“烤火”“烤香”习俗有着相似寓意。抚摸一种神圣物体以祛百病，这种形式在潍北一带很常见。如民国时期潍县文人郭麐曾作《潍县竹枝词》描绘：“新正节始过元宵，结队城头跑老猫。为乞一年无百病，艾香争把石人烧。”并注

曰："正月十六日，妇女进香东北城上真武祠，先于暗中摩弄一木虎，曰老猫，谓一年不生疾病。又于庭前以艾灸左右两石人，曰'石老'、'石婆'，谓一年不生疮疖。总谓之'跑老猫'。"①有时村民并不仅仅满足于摸牛，还希望能抢到一根牛毛，尤其是牛尾巴等部位。每当大牛在村西空场地停放好时，村民都上去抢牛毛，为了防止拽断牛尾巴，庙委会不得不派一位村民专门用竹竿挑起牛尾。不过在众多村民的央求下，负责看管的小伙子也会故意拉低牛尾，于是人们蜂拥而上，欢笑声不断，瞬间成了一个游戏。

摸牛头

(六)烧大牛

中午11～12点，轰轰烈烈的"烧大牛"开始了，村民又称这项活动为"发牛"。"发牛"前，几位善人跪在大牛前，虔诚地唱着神歌，兴奋之情溢于言表。时辰一到，村民就将大牛抬到早已准备好的香纸堆上，口念孙膑名号，嘱老牛且莫"惊驾"，最后高喊一声"发"。一霎时间，火光冲天，大牛被付之一炬。值得注意的是，这一仪式内容并非固定不变，诸多仪式细节如仪式时间等也可以有变化。譬如2014年庙会还未到焚烧时间，大牛的头就意外被鞭炮点燃，人们便仓促将大牛驾到香纸堆上烧掉了。这使得很多人未观赏到壮观的焚烧仪式，留有些许遗憾。也有一些常来庙会的人们认为仪式应该更有秩序些，在烧牛前，庙头应当领着善人一起叩拜，拜完后，再安排点火。无论具体细节如何操持，人们依然对焚烧精致的大牛赞赏有加。

每年祭大牛时，在"大牛"腹下时常会出现扎制技艺较为粗糙的"小牛"，这是还愿的村民所扎制的。每当生活中遇到事情，很多人都会求告孙老爷。

① (清)郭麐:《潍县竹枝词》，载孙建松编著:《潍县竹枝词撷英》，第36页。

烧大牛

如村民吕述增所言：

> 村内常常有人腿脚不利索，走着走着突然腿疼，就去求孙老爷，说是让孙老爷的牛蹄子跪了一下，所以让你腿疼了。求好后再扎小牛还愿。孙老爷真管事。[①]

所许愿望实现后，村民定会前来还愿。还愿的形式有多种，最常见的是扎小牛和送旗帜。旗帜上面写有村民的谢言和题字，庙委会一般会在正月十四这天将其插在庙宇周围。扎好的小牛一般要去庙内孙老爷像前烧掉，也有在正月十四庙会这天附在大牛身下一起烧掉。村民常用"小要"来形容扎制的小牛，大牛虽占据风头，但是村民每年也会品评还愿的人所扎的小牛形态，虽然为"小牛"，也必须"有个样法儿"[②]。2012 年庙会举办期间，共有两位村民还愿扎制小牛：一位是吕氏人家，一位是丛氏人家。其中吕氏人家是因其家中老父身体不好，祈求孙膑保佑，后扎制小牛谢神，于正月十三晚上在孙膑像前烧掉了。另一位丛姓村民将扎制好的小牛在正月十四庙会时与

① 吕述增，男，东永安村人。访谈时间：2011 年 10 月 2 日。
② 吕言忠，男，东永安村人。访谈时间：2012 年 2 月 6 日。

还愿的小牛

大牛一起焚烧。据村民讲，扎制小牛是许愿实现后谢神、表达心意的一种形式，平时为孙老爷扎小牛还愿的人也很多，并且单户村民也不可能扎制出庙会中体型较大的牛，因此小牛虽然形貌、技艺都无法与大牛相比，但在情感表达方面有着同样的意义。[①] 总的来说，小牛在正月十四庙会上的亮相，也是向众人昭示着孙膑神灵的灵验性。在农耕社会，牛对于人们的生活生产有着重要的作用，其所诞生的小牛犊还可以卖点钱补贴家用。农家生小牛犊是一件喜事，一笔财富。与牛相关的词语常带有褒义，如“老黄牛”“孺子牛”“牛脾气”“牛刀小试”等。在村落生活中，伦理道德价值在人们的心目中占有重要地位，“小牛跪乳”为人们诠释了一种伦理含义，“大牛”下的“小牛”也会给人一种相关的联想，是一种伦理价值的彰显。

令人不解的是，辛辛苦苦扎制的圣物缘何被付之一炬？实际上，这其中寓含着乡民的一套宇宙解释观念。牛，固然是被村民附会为孙膑的神奇坐骑，但亦是村民在仪式中延续其农耕情结的载体。牛，既被仪式所选中，不大不足以显其神圣，不烧不能够实现其“意义”。作为仪式最后环节的“烧大牛”活动，恰恰是整个仪式价值得以圆满实现的标志。大牛被焚烧的时刻，观看人群开始沸腾，在日常生活中郁积的种种不快似乎也会随之消逝。村民觉得，每年定期举行的“烧大牛”活动使得村子能够风调雨顺，很少遭灾，尽管本村拥有众多车辆，但也从没有发生过严重的交通事故。焚烧圣物有着一套叙事逻辑，即圣物（纸扎）充当着神圣的媒介，只有烧掉后神灵才能知晓村民的意愿。正如村民所言：“不烧的话，孙老爷咋骑牛上天。烧了，孙膑

① 从兴孝，男，东永安村人。访谈时间：2012 年 2 月 6 日。

才能骑着牛上天。”[①]“扎了就得烧了它，意思就跟老了人烧纸一个样。”[②]村内雇用的录像制作人员用技术在片头制作了一个大牛焚烧后缓缓升天的画面。在村民看来，这是孙老爷“骑着牛上天了”。虽然村民精心扎制一月有余的大牛被付之一炬，似觉可惜，但在这一仪式中所衍生的神圣感却可以绵延良久。

庙会时，还有很多来自外地的香客结伴前来烧香祭拜。2015 年有来自昌邑柳疃镇后官村的赶会群体约 50 位，来到孙膑庙内烧香唱佛。领头的为中年男性，其余多是唱经的中老年妇女，并焚烧带来的孙膑庙祈愿文疏：

孙仙师、孙老娘收见：

今有众弟子为您老人家备金银财宝若干，请查收！望保佑弟子平安、无灾无难。

后官村全体善人　伏惟尚飨

公元二零一五年正月十四日

后官村村民祭拜时，将纸马装好，摆好高香，在焚化池点燃后，妇女们跪在地上排成排开始唱佛歌。有些妇女显然不熟练，便将经本打开放在地上，边看边唱。中年男性则在最前面站着，负责将携带来的香纸、文疏等焚烧，并不参与演唱。此时庙内烟雾缭绕，熏得人们难以睁开双眼，焚烧后的纸灰在空气中飘荡，不断地落到人们身上，整个庙内充满着神圣的气息。

每年正月十四庙会时，本村村民都会请相对专业的人员负责录像，费用大约为 1000 元，最后免费发给参与大牛扎制与捐款较多的村民。那些外来赶会的人，自然无法得到这些“吉祥”的庙会纪念品，不过他们却可以购买现场拍摄的大牛照片。售卖大牛照片的小摊摊主是一位来自平度的村民，他每年都会来给大牛拍照，拍完以后再卖给赶庙会的人，每张照片 10 元钱。外村村民多会购买并带回家，贴在自家的墙壁上，似乎也沾了点福气。

近些年孙膑庙会的影响逐渐增大，前来赶庙会的人们也越来越多。2015 年正月十四庙会人数有近 3 万，其中主要有香客、摄影爱好者、媒体、学者等，还有不少旅行团、驴友团出现，甚至还有从青岛开车过来的。可以说，每年定期举行的“烧大牛”仪式，会吸引众多外地的参与者，他们的到来已成

① 吕瑞孝，男，东永安村人。访谈时间：2015 年 3 月 2 日。

② 齐乃信，男，东永安村人。访谈时间：2013 年 7 月 18 日。

常态，并逐渐成为当下仪式活动的一部分，村民早已习惯了他们的参与，并且已成为村落与外部世界沟通交流的一种重要途径。村民丛延俊说："俺们从腊月初八就开始扎，一直到正月十四，精神劲儿很大，都盼着你们到来。"[①] 村民言语中透露出一种亲切感，一年中大多时候他们都在村里度过，难得春节期间可以与较多的外来者相见。2015 年《中国节日影像志》项目课题组进入村落拍摄烧大牛仪式，在村内引起不小的动静，村民对之充满了好奇。每年昌邑电视台、报纸等媒体都会前来进行采访，这也在某种程度上也促进了这一仪式活动的发展。

二、"烧大马"

(一)扎马缘起

每年正月初九，东永安村齐氏家族都会举行"烧大马"活动，谈及为何扎制大马，齐姓村民主要有两种说法：一说是为玉皇大帝所扎；一说是为祭祀关公而扎。但近年来，持第一种说法的村民越来越多，逐渐成为主流认知。调查发现，对于扎马的缘起与逻辑，村民有着不同的看法：

> 我也琢磨过这个事儿。村里人都说这个马是给玉皇扎的。传说玉皇是骑马的，也有说是坐轿的，还有说是坐辇的。这好像是"皇上骑马""马上的皇帝"。比如明朝朱元璋，不就是"马上的皇帝"吗？其实这就是农村讲的"流传"，好像老百姓都求这个事，别的也没什么意思。[②]
>
> 扎这个东西都有讲究，为什么扎马呢？过去讲"马上的皇帝"，皇帝文武双全啊。扎个大马，配上大刀和剑……人们都有这个想法，现在条件好了，西庙扎了一个那么大的大牛，咱也得扎个大马，从这开始扎大马了。截止到今年，扎大马有个七八年了。[③]
>
> 以前不扎马，玉皇爷坐辇，弄上三匹马拉着。这几年不扎了，大家伙说咱扎个大马吧，就又开始扎了……他们自己寻思着扎个大马也不

---

① 丛延俊，男，东永安村人。访谈时间：2015 年 3 月 3 日。
② 齐乃瑞，男，东永安村人。访谈时间：2012 年 1 月 31 日。
③ 齐乃信，男，东永安村人。访谈时间：2013 年 7 月 18 日。

是事儿(有能力扎)。年轻人都在外边干活,也都会捐些钱。①

初九的庙会不应该扎马,应该扎辇。因为玉皇大帝坐的是銮驾。②

按说东庙不应该扎马,应该扎辇。世杰能扎,(东庙)是玉皇庙不是关帝庙,关公才骑马……历史不能说改就改。孙膑骑牛,所以才扎牛。③

那年我们扎了马,就是小点,别人看了看,也开始扎马,不扎辇了。就是看着俺扎的那样子,照着扎的,就是漫(从)那时开始扎马的。④

那时候因为东庙是玉皇爷,俺们扎个马去他们庙上烧,他们看了看,你扎了,俺也扎吧。⑤

扎马是跟西庙学的。人家西庙扎了个牛,咱就扎个马吧……开始是小马,后来就大了,大了以后外面赶庙的人也觉得好看。⑥

原来扎得小,(赶)庙会的人也少。(他们)都商量着扎个大的吧,赶会的人多。⑦

烧辇影响力小,外人看赶庙会的人很少,都不愿意来,人就会越来越少。大马扎得越来越好,越来越大,赶会人也越来越多,场面一大,看着就很热闹,还有人摸大马。影响力大了,就愿意捐钱。原来扎的是小马,为了隆重,为了场面,(我们)便开始扎大马。这对外面的人有吸引力,人家才愿意来赶庙会。⑧

从以上村民的讲述来看,东庙之所以扎马,有如下原因:受西庙扎大牛的影响,由扎辇改为扎马,马也是有灵性的生灵。同时,齐氏家族还在逻辑上寻求扎马的合理性,譬如“玉皇大帝要骑马”。在一般村民看来,扎马尤其是扎体型较大的马,可以吸引更多的人参与,使得庙会更加隆重,香火钱也会增多,相较之下经济花费也构不成负担。基于种种因素,最终齐氏家族开始扎制大马。

---

① 吕兴茂,男,东永安村人。访谈时间:2014 年 11 月 7 日。
② 吕瑞婷,女,东永安村人。访谈时间:2014 年 11 月 7 日。
③ 吕成英,男,东永安村人。访谈时间:2015 年 2 月 2 日。
④ 吕昆明,男,东永安村人。访谈时间:2015 年 3 月 1 日。
⑤ 吕瑞婷,女,东永安村人。访谈时间:2015 年 3 月 3 日。
⑥ 东永安村某村民。访谈时间:2014 年 2 月 11 日。
⑦ 齐汉庆,男,东永安村人。访谈时间:2014 年 11 月 7 日。
⑧ 齐忠华,男,东永安村人。访谈时间:2015 年 2 月 3 日。

枣红大马

于是在每年正月初九，一头高大的枣红大马就矗立在玉皇庙前的空地上，萧瑟冬风吹拂着大马身上的花饰与旗帜，颇显喜庆与吉祥，亦让人备感庄严与神圣。

(二)“烧大马”过程

与丛、吕家族的“烧大牛”仪式类似，齐氏家族的“烧大马”也有一套相对完整的仪式活动，大致可分为四个阶段：扎大马，文艺献演，摸大马，最后才是烧大马。不过与“烧大牛”仪式相比，“烧大马”的仪式略显简单。

大马扎制地点选在村东玉皇庙中。一进腊月，大马扎制工作便开始启动。据说，齐家最初还邀请过西庙丛、吕家族的人参与扎制，如手工极好的吕世杰以及以扎纸草为业的村民吕兴茂等。据村民吕兴茂说，每年春节庙会期间扎大马时，他都会前去帮忙，并且在他看来，大马的扎制技艺极为重要。同时，基于姻亲关系，有很多嫁入齐氏家族的丛姓、吕姓妇女也把剪制手艺带入齐家，为东庙扎制大马。后来，扎制技术逐渐熟练，大马体型也逐渐增加，直至今日高达 7 米。扎制大马的原材料与大牛几近相同，主要是竹竿、竹劈、苇秆等。扎制大马也有明确的分工：男性村民负责扎制大马骨架，女性负责马毛、马鞍、灯笼、佩剑以及各种装饰花卉图案扎制与剪裁等。这些工作多分散在家户中进行，完成以后再拿到玉皇庙。有意思的是，村民还会扎制马心、马肝、马肺等内脏，一般由村民刘秀英及村内的老年妇女负责，在大马扎制完工后，再从所留的大马腹部的小口中塞进去，然后再用纸糊好。村民白天聚在一起扎制大马骨架，裁剪大马身上的装饰品，晚上则抽出时间准备年货。扎制过程中，大家说说笑笑非常开心。正如村民所言："扎(马)的时候大家都很舒心。"①大年初五前后，村民齐聚玉皇庙，开始组装大马。正月初九一大早，青壮年会将大马从庙墙内抬出，而后再把马腿、马头安在大马身上，完成最后的组装工作。每年大马扎制完以后，还需要为其开光，一般是由村民刘凤英操持。她拿一根银簪子比划着，还要念叨一套话语："开开眼，开开腿……"大意就是开光后大马就有了生命和灵性，便能奔驰了。正月初八晚上，齐氏家族的村民会在玉皇庙前举行晚会活动，庆祝大马扎制完工。晚会参与人员以本村人为主，大约 2 个小时后结束。

正月初九早上 8 点，游大马活动开始。游大马的队伍由玉皇庙出发，大致围绕齐家聚居区绕行，最后停在玉皇庙前空地上。村内的南北主街道，是丛、吕家族大牛巡游与齐家大马巡游的共同区域。然而，大马仅巡游了一年便终止了。村民解释，因为马与牛的形体不同，马头太高、马脖子又长，无法通过村内的电线等障碍物进行巡游。因此，近些年，大马也就不再巡游了，村民在庙会这天直接将大马停放在庙前的空地上。不过，有村民认为，尽管马脖子、马头很高，大马扎制时也可以在前腿部借用钢管，正如大牛那样，大马也是可以巡游的。② 也有村民提出建议，从东边沿着阜康河岸出巡，避开电线，再绕回庙里。这些建议都没有被采纳。2015 年村内电线统一加高，东庙大马依然没有巡游。或许是因为大马不巡游的缘故，前来赶玉皇庙会的人明显要少，庙会香火收入也要比孙膑庙少很多。

正月初九上午 9 点左右，文艺活动开始在玉皇庙前上演。本村节目主要有 4 档，包括东庙齐氏家族的龙灯队以及西庙丛、吕家族的秧歌队、高跷队等。西永安村、远东庄、渔洞埠等外村的文艺队也常来助兴。在各种文艺节目表演期间，人们不断前来摸大马，祈求一年平安。同时，庙委会人员开始将四五十箱双响爆竹放在大马周围，同时再穿插着放上 10 多串鞭炮，准备燃放。

---

① 齐彭涛，男，东永安村人。访谈时间：2015 年 2 月 3 日。
② 吕兴茂，男，东永安村人。访谈时间：2014 年 11 月 7 日。

11点左右，村民开始举行“烧大马”仪式，当地俗称“发马”。发马之前，由庙委会主管人员致辞，表达祝愿。如2015年“发马”时的广播内容：

所有的善人们，大家过年好！庙委会全体成员在这里给大家拜年了，并向光临现场的善人们表示热烈的欢迎和衷心的感谢，特别是给庙会捐款的善人们以及所有给庙会做出贡献的善人们，表示真切的感谢！祝大家羊年大吉，马到成功，财源旺盛，老少平安！红马奔腾全天下，玉皇大帝更辉煌！负责发驾的善人们注意了，现在吉时已到，开始发功！

广播喇叭，在“烧大马”仪式中扮演了重要角色。2015年庙会期间，庙宇广播不仅传达祝愿，还曾广播玉皇庙的历史，内容为齐忠华所撰写。这些文字被村民打印出来，装裱后挂在庙内办公室墙壁上，内容体现出村民主动配合国家方针政策的倾向。具体内容如下：

改革开放，广大村民奔小康，生活更加富裕了。广大善人议建庙之事，黎民百姓积极响应。五湖四海的善人捐钱捐物，出工、出力，1997年动工，1999年建成。两殿更加雄伟壮观，青松绿柏，傲然耸立，彩旗飘扬，旧貌变新颜。每年腊月初一，广大村民自愿到庙集会，为弘扬民族文化、发扬正气，有的扎马，有的剪花，有的耍龙灯，有的打锣鼓，有的跳舞扭秧歌，用实际行动发挥出自己的正能量。金龙腾飞，象征伟大祖国欣欣向荣，蒸蒸日上；锣鼓喧天，说明人民意气风发，斗志昂扬；载歌载舞，反映民族团结，幸福安康，心情舒畅，红马奔腾奔小康。在光荣的中国共产党的坚强领导下，为社会和谐、国家稳定，实现中华民族的伟大复兴、中国梦，实现四个现代化的宏伟目标而努力奋斗，期待更加辉煌的灿烂的明天。

昌邑市都昌街道东永安村　齐忠华

村民齐忠华制作的这些文字宣传板，挂在本就不大的庙宇接待室内，格外显眼。每当外来者进入接待室内，都会注意到这些宣传板。庙委负责人会解释这是何人所作，并附上一句“俺们这庙也很有历史了”。

广播结束后，早已做好准备的村民点燃大马腹下的香纸稞，烧及马腹时，火光腾然而起，再加上爆竹的燃放，大马“腾云驾雾”而去，整个场地仿佛仙境一般。有些村民手持高香，跪在地上“送驾”，直至大马燃尽，方磕头作罢，心满意足而去。

无论何时，只要一谈起村落中的两个庙会，村民的自豪感和愉悦感总是溢于言表，仿佛庙会刚刚发生过一样。村民除了强调庙会活动的盛大外，对庙会所特有的神圣仪式与热闹氛围亦记忆犹新。正月的“耍景”使村子变得年味十足。庙会期间，很多村子会组织队伍来“耍”，颇受村民喜爱。如村民所言：

发大马

我好凑热闹，冬天没有活了，我就凑着扎扎马了，帮帮忙。说实在的，我对这个也不是很信，凑一起热闹热闹耍耍。①

主要是看耍啊，正月里都没事，咱去看看大牛去吧。②

咱们过年得有个“耍景”啊，光打扑克牌也没意思，大老爷们一块玩玩，有个过年的样儿③。

这些“耍景”自然形成了一种竞争对比，却并不会发展成冲突事件，而是营造出了其乐融融的热闹场景。在东永安村，尽管“烧大牛”“烧大马”在扎制阶段相对独立，但在庙会烧祭仪式举行的当天，却并没有家族边界的制约，并且相互参与非常自然。两大仪式活动，是一个开放性的平台，代表了乡村生活中的“非常”时段。平时，村民多是“关起门来”劳作，年节时拜年乃是家族之间的交流，但是更多的情感的表达与情绪的抒发则需要走向社区。村民的生活是有节律的，这不仅表现为“日出而作，日落而息”“春种秋收，夏长冬藏”等生计活动的安排，还与个人、家庭、家族以及社区的个体与群体的情感律动有关，由此交织为世俗与神圣的双重律动。当仪式结束后，庙会所

① 齐彭涛，男，东永安村人。访谈时间：2015 年 5 月 25 日。
② 吕成英，男，东永安村人。访谈时间：2012 年 2 月 3 日。
③ 齐彭涛，男，东永安村人。访谈时间：2012 年 1 月 31 日。

带来的热闹逐渐远去，村民重回到日常生活节律中，但与庙会相关的记忆却仍然留存。村落两大庙会各有所属，家族之间的边界若隐若现，但这只会使得村民在年度生活中有着不同“面向”的转换，日常生活中的话题更加鲜活而已。

在东永安村村民看来，“烧大牛”“烧大马”这类仪式活动不仅是为本村年节生活提供一种热闹的“耍景”，更在于贯穿在扎制、巡游、焚烧整个活动过程中发生于村民之间的一种交流。“大牛”“大马”，是村民一年之中的高频话题，整个烧祭活动则为村民搭建了一个公共平台。有些村民将这类烧祭仪式与当地的社会稳定相联系。如村民齐忠华谈道：

老人们农历每月初一、十五烧香，念叨念叨，这是老百姓的信仰。老百姓凑在一起后，对于社会安定、社会和谐、国家太平有作用。老百姓的信仰跟我们的信仰一样，我们相信只有马列主义才能救中国。老百姓则认为，烧烧香，讲究善行、行好，对于稳定有好处。这是好事啊。[①]

村落仪式，还是汇集村落知识的宝库。尤其是像“烧大牛”这样历史悠久、规模较大的仪式，往往凝结着丰富庞杂的“地方性知识”，内中寓含着潍北一带村民对于公共情感的表达需求。东永安村的烧祭仪式不仅是对某种村落传统的传承延续，还被赋予了当下切实的现实意义，并对村落文化的外向性格起到长期的塑造作用。“烧大牛”“烧大马”仪式，体现了一村之内三大家族之间合作与竞争的均衡态势：一方面，村民借助于“烧大牛”“烧大马”仪式的不同参与方式、组织群体、巡游路线以及潜在的消灾祛恶的功利设置，所昭显的家族边界是明确而具体的，这使得仪式本身在很大程度上成为家族彰显实力和群体社区能力的表征形式；另一方面，家族之间在庙会期间的相互参与，无论是参与活动，还是神圣感的共同确认，都表现出一定程度的互助、共享特征，尽管这种互助和共享是有限的。以“烧大牛”“烧大马”为依托，在村落内部构建出两个相似而又有所差别的公共生活空间，并以不同的神圣符号为标志，两者之间有着明显的区分，同时又保留着相互跨界甚至越界、混界的弹性空间，饶有深意。

① 齐忠华，男，东永安村人。访谈时间：2015年2月3日。

三、赶会逛庙

东永安村人爱赶会，除了磕头拜神，还可以与亲朋好友相聚，聊聊家长里短、奇人奇事。以东永安村为中心的周围乡土社区，属于典型的平原地貌，因此村落与村落之间的联系较多，这有助于在信仰仪式、艺术活动等方面，形成一定的村际联谊关系。正月期间，除了本村的两个庙会外，村民还常去邻近村赶会。譬如该村东邻的远东庄在正月十二日设有菩萨庙会，届时要烧掉三台花轿。西邻的西永安村则在每年正月十五日举行娘娘庙会，村民会烧掉两台大轿纪念老母娘娘。与东永安村相距 2 公里的渔埠村也有孙膑庙，其庙会日期是在正月十六日，该村有 6 个大队，每 2 个大队扎 1 头牛举行“演旨”活动，最后将 3 头牛一起烧掉。这些“耍景”大都在正月期间上演，锣鼓喧天，热闹非凡。可以说，烧牛、烧马、献轿等信仰仪式以及秧歌、龙灯、腰鼓、吕剧等艺术活动在周边村落的次第展开，为村民备好了一道道可供品味的文化大餐。村民将这些庙会活动称为“耍景”，认为有了“耍景”，年味才足。显然，聚会狂欢在村民心目中是尤为重要的。

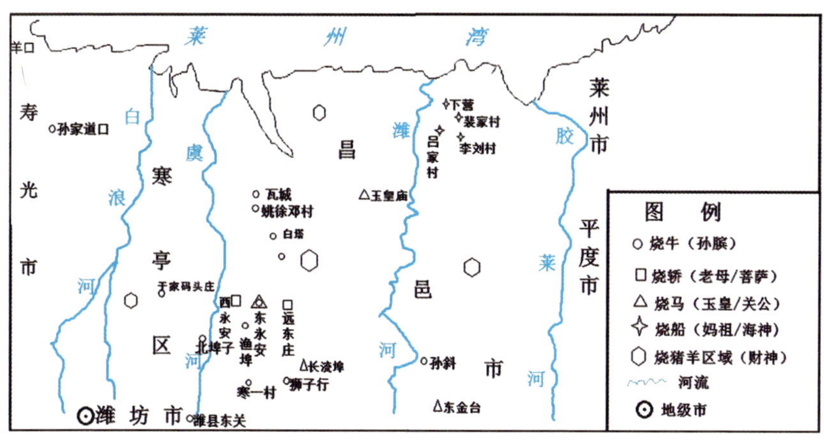

潍北地区焚烧圣物示意图

东永安村一带的庙会活动，往往以焚烧圣物为特征，以祭祀不同的神灵为名义，如以祭祀孙膑为名义的烧牛，以祭祀玉皇为名义的烧马（或銮驾），以祭祀泰山老母、地宫老母、南海观世音菩萨等女性神为名义的烧轿辇，以

祭祀关帝为名义的烧大马，以祭祀天帝、财神为名义的烧猪羊以及以祭祀海神、妈祖为名义的烧船等仪式活动。具体的组织形成也有很大的不同，有的是同一村落的不同家族，有的是同一家族的不同分支，有的是不同的村落，还有的是多个村落联合举行，彰显着不同的群体边界认同。

正月十二远东庄庙会

正月十二是远东庄村的菩萨庙会。远东庄位于东永安村东侧，该村旧时同样位于芙蓉池的北岸，曾名“芙蓉村”。村西北角有一土台，海拔较高，故名“芙蓉山”。村中现有人口 1400 余人，以宋姓为主姓氏，约占总人口的 80%，另有李、侯、齐、王、刘等姓氏。目前，村北部有一座菩萨庙，历史悠久。据村民回忆，旧时菩萨庙规模较大，曾建有钟楼、戏台、山门等。目前的菩萨庙为 2003 年 2 月重修，庙内仅有一间正殿，位于海拔 10 多米的土埠上，庙宇正门牌匾题有“慈航普度”字样。正神位为南海观世音，由善财童子相随；右边为普贤菩萨、送生娘娘；左边为文殊菩萨、眼光娘娘；东侧位为东方扬图天王、南方增长天王、哪吒；西侧位为北方多文天王、西方广目天王、杨戬。据村民讲述，远东庄修庙时困难重重，埠顶全是杂草且土台较高，只能用手推车运水、运砖。庙宇修完后，在院内树了一块功德碑，但因百元以上捐款者名单被意外烧掉，所以仅刻有“善人捐款”四个大字。菩萨庙内西南角地上有一块残碑，已看不出年代。每年庙会时远东庄村的善人会焚烧三台扎制的花轿。正月十二上午 11 点整，一阵阵鞭炮声过后，烧轿仪式正式开始。轿

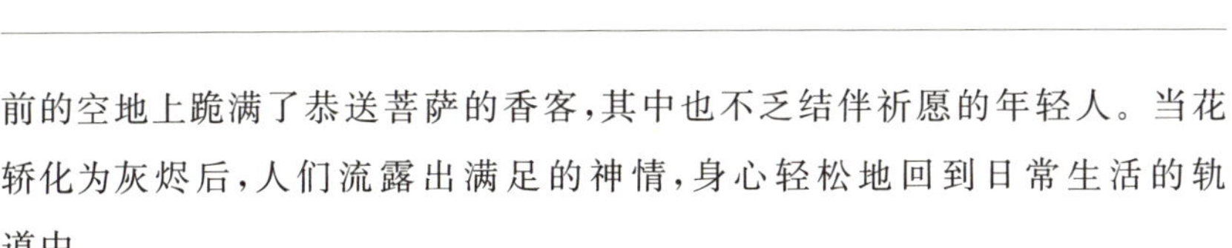

前的空地上跪满了恭送菩萨的香客，其中也不乏结伴祈愿的年轻人。当花轿化为灰烬后，人们流露出满足的神情，身心轻松地回到日常生活的轨道中。

正月十五，东永安村村民常去西永安村逛庙会。这天也是该村的集市，人们赶完庙会后便去集市上买些蔬菜、水果回家待客。西永安村，位于东永安村西侧，两村相距约 0.5 公里。姓氏有马姓、李姓、王姓、刘姓等，总人口约 3000 人，有 18 个生产队，经济实力较强。村东田地中有一座娘娘庙，据说，该庙有着悠久的历史，旧时规模比现在要大很多，“文化大革命”时期庙宇被拆毁。目前庙宇为 2006 年所重修，庙宇分为三殿，包括正殿、东南殿和西南殿。正殿正位为碧霞元君，左边依次为无生老母、送子娘娘、无忧娘娘、玄女娘娘；右边依次为清凉老母、子孙圣母、地宫圣母、顺天圣母；东侧位为眼光娘娘、痘疹娘娘；西侧位为耳光娘娘、增寿娘娘。东南殿神灵正位为财神爷，另有路神爷、龙王爷和胡三太爷。西南殿正位神灵为观音菩萨，另有文昌帝君、北斗老爷和神医九龙哥。每年正月十五是西永安村娘娘庙会日，届时会烧掉两台布扎花轿，随轿的还有一棵“金钱树”和一棵“银钱树”。庙会这天，东永安村的秧歌队、龙灯队也常常前来助演。

西永安村发轿

正月十六是渔埠村孙膑庙会日。该村位于东永安村西南方向，两村相距约 3 公里。该村为单姓村，为孙姓，约 400 户，有 1000 多口人。村西头有座孙膑庙，为 1992 年所建。庙门牌匾书有“臻福齐域”，庙前立有“升平郡王”碑刻。庙宇规模很小，仅能容下孙膑半身像。庙会这天，渔埠村民会将扎制好的三头独角大牛在孙膑庙前烧掉。据村民说，以前每家每户各扎一头高约 0.5 米的小牛，1992 年重修庙宇后，开始实行生产队合作的方式扎制大

牛。该村分为六个生产队，其中第一、二、三生产队合作扎制一头大牛，第四生产队独自扎制一头，第五、六生产队合扎一头。与东永安村一进腊月就开始扎制大牛不同，渔埠村在每年正月初十前后才开始扎制，共需要三五天时间。扎制大牛的成本也较低，总共花费三四百元。大牛骨架主要以木棍、树枝条、苇秆为材料。扎制时，先用较粗的木棍支撑起骨架，再用树枝条和苇秆填充，而后用化肥编织袋或者白粗布包裹大牛，用麻绳系好；大牛的双眼常用劈开的葫芦充当，在上面刷一层白漆，再贴上黑纸作为眼珠；牛毛是用黄色的薄塑料纸剪制而成，然后再粘在裹好的粗布上。整体看来，渔埠村扎制大牛的工艺较为简朴。庙会前夜，渔埠村第五、六生产队的村民会举办晚会活动。正月十六清早，各生产队开始从扎制地点将大牛抬至村西孙膑庙南侧空场地，秧歌、腰鼓等各种文艺活动随之上演。到中午时分，村民将大牛烧掉，但有时受制于天气因素也会在下午焚烧。

潍北地区的焚烧圣物传统有着久远的历史，最早可追溯至明代。明代文人谢肃《潍阳道中》诗曰："白浪河上发牛车，西岸长风走碧沙。"[①]此诗描绘的是人们于潍县东关（建有孙膑祠）白浪河畔祭祀孙膑焚烧纸牛的仪式活动。这项活动在民国时期极为兴盛，并一直延续至中华人民共和国成立初期。《潍县志稿》记载："（正月）十六日……东关碧霞元君庙（俗呼作'娘娘庙'），内附有孙膑祠，相传凡人遇腿脚生疾，即许愿于是日，送以纸牛，亦间有灵验，以故所送纸牛堆垛如山，午后则运于河边焚之，火焰腾天，观者如堵，亦异俗也。"[②]裴星川在其著作《潍县竹枝词·春节即事百咏》中提道："为求两腿病全瘳，孙膑庙前烧纸牛。一片青烟笼火海，欢声震动石桥头。"[③]李家骧《潍阳竹枝词·发老牛》曰："正月十六发老牛，腿病都把孙膑求。十万纸牛成灰烬，马陵余威石桥头。"[④]莱州湾南岸潍北一带濒临渤海，地势低洼，潮灾洪涝频繁，村民多腿脚不好，这或许为孙膑崇拜在当地提供了广泛的信仰基础。

不难看出，以东永安村为中心的乡土社会中存在着"烧牛""烧马"等不

---

① 常之英、刘祖幹：《潍县志稿》卷十四《艺文志》。

② 常之英、刘祖幹：《潍县志稿》卷十四《民社志》。

③ （清）裴星川：《潍县竹枝词·春节即事百咏》，载孙建松编著：《潍县竹枝词撷英》，第159页。

④ （清）李家骧：《潍阳竹枝词》，载孙建松编著：《潍县竹枝词撷英》，第182页。

同类型的焚烧圣物现象，这些庙会活动在凸显村落个性的同时，也由此形成了村落或者家族之间的边界区分。村民在年节期间组织的“烧牛”“烧马”“烧轿”等不同烧祭仪式，其背后包含着他们对于各自村落生态、历史、信仰、经济等诸多方面的考虑与运作。在周边乡土社会中，与焚烧圣物相关的多样化的仪式活动，交织成层级不同的文化象征体系，而潍北地区的文化生态也由此形成。人们基于地方资源，谋求和谐相处，努力使生活更具滋味，因之凝结为“和而不同”的乡土智慧。

第六章 村里的人 村里的事

一、“咱村出能人”

东永安村，在潍北一带村落间有着较高的知名度，除了得益于本村盛大的“烧大牛”庙会外，还因为村里出“能人”。提及东永安村的能人，周边村落的村民在言谈间都会流露出敬佩之意。东永安村所谓的“能人”，主要有从军的部队高官、从政的“大官儿”、从商的“包工头”、从教的大学教授等。这些人成为村民茶余饭后的谈资，尤其是对外来人讲起时，颇为自豪。

东永安村参军的村民众多，级别最高的为军区司令员，另有政委、师长等。这些部队高官全为齐姓村民，在某种程度上增加了齐氏家族在村落中的权威。通过查阅文献以及村民口述，出自东永安村的部队高官有以下几人。

(一)齐安聚

齐安聚(1919～1963年)，1938年参加八路军鲁东抗日游击队第七支队，同年加入中国共产党。历任八路军山东纵队宣传员、连政治指导员、营教导员、团政治处主任、团长、师长、副军长、海军长山要塞区司令、海军榆林基地司令、海军南海舰队副司令等职。先后参加过大小战役、战斗数百次，主要

有 1947 年的莱芜战役，鲁西南沙土集攻坚战，土山集攻坚战，河南许昌雉杞阻击战；1948 年的洛阳战役园门口阻击战，开封战役攻坚战，淮海战役中的芦楼、三里架、崔庄、刘集攻坚战；1949 年的解放上海战役；1950 年抗美援朝中的第二、四、五次战役及平康淮阻击战。在战斗中，他机智勇敢，指挥有方，多次立下战功。在解放上海战役中，齐安聚仅用一天多的时间，便率部队将敌人的一个师打垮，另一敌师在他的敦促下全部投诚，为解放上海做出了重要贡献。1949 年 2 月，任中国人民解放军第三野战军第二十六军七十八师副师长。1950 年 11 月，奉命参加抗美援朝，任中国人民志愿军第二十六军第七十八师师长，参加了第二、四、五次战役及平康准、西方山阻击战。在西方山战斗中，他针对敌我战术和武器装备情况，总结出“兵力前轻，火力前重”的经验，对守住阵地发挥了重要作用，并受到了彭德怀司令员的赞誉。1955 年 2 月，由彭德怀推荐出任中国人民解放军海军长山要塞司令员。1955 年 9 月被授予海军大校军衔，荣获三级独立自由勋章、三级解放勋章。1956 年 8 月入中国人民解放军军事学院海军系学习。1958 年 9 月仍任中国人民解放军海军长山要塞司令员。1960 年 11 月任中国人民解放军海军南海舰队副司令员。1961 年 4 月至 1962 年 3 月任中国人民解放军海军南海舰队副司令员兼海军榆林基地司令员。①

长期的戎马生活，使得齐安聚积劳成疾，于 1963 年 4 月在北京病逝。他病故以后，解放军总部组成了以海军司令萧劲光为首的“齐安聚治丧委员会”，并于 1963 年 4 月 10 日在《解放军报》刊登讣告，“……齐安聚同志的一生对党的事业忠心耿耿，工作一贯积极负责，任劳任怨，全心全意为人民服务，把自己的一生献给了革命事业”，高度赞扬了他一生为人民所做出的突出贡献。4 月 12 日在北京八宝山殡仪馆举行了公祭，遗体葬于八宝山革命公墓。齐安聚的名字已被编入《中国名人词典》。②

齐安聚戎马生涯，有着不平凡的一生，不过东永安村村民更喜欢讲述的是他参军前的一些小故事。据说，他为人谦和，很讲义气，尤其是爱替村民打抱不平。民国时期，村内有一位齐姓富农，弟兄五人，横行乡里，欺压百姓，没人敢管，村民只能忍气吞声。时为热血青年的齐安聚，一身正气，敢于

① 参见山东省昌邑县志编纂委员会编写：《昌邑县志》，第 785 页。
② 参见山东省昌邑县志编纂委员会编写：《昌邑县志》，第 785 页。

斗争，决心好好教训一下这位富农。有一天，富农又在欺负一位陈姓村民，齐安聚径直走过去与其讲理，一番争论后，富农羞愧难当，从此以后再也不敢欺负人了。[①] 齐安聚还经常乐于助人，尽力帮助村内生活不富裕的家户。村民陈效信是佃户，独门独户住于东永安村，生活艰难。齐安聚听说他会些木工手艺，便给他画了木船图纸，借给他一些钱，帮他搞起了制造木船的生意。尽管这些事情早已成为记忆，但每当村民讲起来，还是活灵活现。

(二)齐安昌

齐安昌(1917～2000年)，1934年考入昌邑县育秀中学。1938年与齐安聚同一年参军，并加入中国共产党。抗日战争时期，先后担任八路军山东纵队第八支队副政治指导员、政治指导员，山纵一旅一团二营副政治教导员、团民运股长、三团敌工股长，鲁南军区武工队长、第二军分区敌工股长等职。解放战争时期，他先后任鲁南军区敌工科副科长，山东野战军第八师政治部联络科科长，华东野战军第三纵队八师二十三团政治处主任、副政治委员，第三野战军二十二军六十五师一九五团政治委员、师政治部副主任等职。齐安昌曾参加官桥、滕县、泗州、兖州、泰安、济宁、宿北、鲁南、孟良崮、许昌、洛阳、开封、豫东、济南、淮海、渡江以及进军浙东、解放舟山群岛等战役，为中国人民的解放事业做出了积极贡献。中华人民共和国成立后，历任二十二军六十五师政治部主任、副政治委员、政治委员，定海守备区政治委员，舟嵊要塞区政治部副主任、主任、副政治委员，南京军区空军政治部主任等职，荣获二级独立自由勋章、独立功勋荣誉章。1978年担任宁夏军区第二政治委员。1980年兼任中共宁夏回族自治区委员会常务委员、宁夏回族自治区第四届人大常委会副主任。[②]

据村民齐忠华介绍，从东永安村走出来的部队军官还有一些，只是因为联系少记不清楚了。如1946年参军的齐寿元，曾参与解放海南岛等大大小小的战役，后成为广东军区某部师长。

---

① 参见中共昌邑县委党史征委会、昌邑县民政局编：《昌邑英烈》，第98页。

② 参见“百度百科 · 齐安昌”，http://baike.baidu.com/item/齐安昌/7049074? fr=aladdin，2017年8月3日访问。

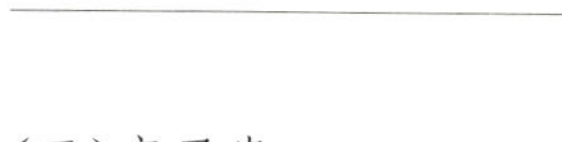

(三)齐乃贵

齐乃贵(1947 年～),曾任山东省潍坊市委书记、山东省总工会主席、山东省委统战部长、山东省政协副主席等。因为工作关系,提起他的名字,整个潍坊几乎都知道。他曾为本村引进各种经济、文化资源,扶持村办企业,使东永安村受益颇多。

(四)齐延平

东永安村重视教育,年轻人在外读书的非常多,村内出了不少大学教授,如山东科技大学教授吕明华等,但最著名的还是齐延平。齐延平(1968 年～),山东大学法学院教授、博士生导师,泰山学者特聘教授,国家社科基金法学评审组成员,外交部人权专家库成员。他的研究方向为法理学、宪法与行政法学、人权法学等。在繁重的教学、科研、行政工作之余,齐延平教授还积极投身于我国的人权立法与人权教育工作,多次受全国人大相关委员会、国务院新闻办等部门的邀请参与法律草案的论证、国家人权政策的研议,多次为中央国家机关、山东省各有关部门作法治专题报告。①

(五)村里的能人

在整个昌邑地区,东永安村经济发展比较快,以出包工头闻名远近。村内有二三百位包工头,从事房屋建筑、道路硬化、桥梁修建、室内装修等业务。按照承包工程量的大小与家庭经济状况,村民又将包工头分为“大包工头”和“小包工头”,前者为村内较早从事包工行业、拥有千万以上资产的村民,大概有六七位。他们有的已经很少住在村里,但每年都会捐款,资助村内公益事业,譬如资助村内扎制大牛、大马,修缮庙宇、山门等,在村里的影响不小。

在东永安村,拥有精湛手艺的人也被村民称为“能人”。如村民吕世杰(1934 年～),虽识字不多,却精通各项手艺活,如扎制、绘画、剪纸、编织等,村民开玩笑地评价他“除了不会生孩子什么都会做”。自他主持扎制大牛以

① 参见石莹:《全国十大杰出青年法学家齐延平事迹简介》,2014 年 2 月 25 日,http://www.shidian.sdu.edu.cn/info/1011/37918.htm,2017 年 9 月 10 日访问。

来，为了让大牛更加美观神气，他亲自画图纸设计大牛比例，包括牛腿粗细，牛身长短等。村民按照他设计的“牛样儿”扎制，才有了今天威武的大牛。

二、村落春晚

春节期间，东永安村有两场晚会，分别是正月初八晚上由齐氏家族举办的“玉皇庙文艺晚会”、正月十三晚上由丛、吕家族所举办的“孙膑庙文艺晚会”。两个晚会都于庙会前夜举办，很是热闹。晚会的舞台，分别在村内的孙膑庙、玉皇庙前临时搭建，表演者和观众大都是本村人，时长为2个小时左右。晚会节目丰富多彩，包括小品、相声、吕剧、歌舞、杂技表演等，热闹非凡。晚会表演期间，常听到拥挤的村民亲切握手，相互问候“过年好”，俨然一派过年的气象。

正月十三晚会

正月初八玉皇庙文艺晚会，近年来由东永安村阿辉庆典公司承办，舞台搭建在玉皇庙前面空地，用两块红布作为背景，顶端题有“东永安村玉皇庙会文艺联欢晚会”。晚会节目多以现代流行歌曲演唱和秧歌表演为主，表演群体多是中青年，少见老年群体。近两年的晚会资金，由村民齐学富、齐汉杰等人捐助。

正月十三孙膑庙文艺晚会，则由东永安村丛、吕两家族共同举行。至正月十三这天，大牛扎制完工，停放在庙宇办公室前的空地上，与它相对的是一个木板搭制的舞台，那里便是村民自办晚会之地。观看晚会的不只是本村村民，邻近远东庄、西永安村的村民也会结伴前来。同时，外村商贩也会在这天傍晚前来该村占好位置摆摊，忙里偷闲去看一会儿晚会。每年晚会的组织运作大体相同，兹以2016年为例，简述一下晚会情形。

晚会舞台搭建共花费6000元，由庙委会出资。舞台背景是一张由几幅画像合成的画布：画布顶端，印有“东永安村孙膑庙会文艺联欢晚会”大字；中间主体部分，有孙膑画像（居中）、菩萨坐像（左右各一）；下端，则是金黄色的独角大牛。舞台用完后可以拆卸，放到屋里储存，来年再继续使用。晚会主办单位为孙膑庙委会，承办单位是本村的阿辉庆典公司。开场由本村锣鼓队表演，共有八位男性村民参演。随着《春节序曲》背景音乐响起，主持人上台给村民拜年，介绍晚会。稍后，孙膑庙委会会长吕世敬登场致辞。

接下来晚会正式开始，主要表演节目如下：

第一个节目是儿童舞蹈，由本村的8位小朋友表演《开门红》，时长为4分钟；

第二个节目是吕剧表演《王小赶脚》选段《二姑娘回娘家》；

第三个节目为歌曲《欢乐中国年》，演唱者为本村中学生；

第四个节目为秧歌舞，由3位村民表演；

第五个节目为歌曲《敢问路在何方》《大笑江湖》，由主持人演唱；

第六个节目为戏曲表演；

第七个节目为杂技表演；

第八个节目为歌曲《壮志在我心》；

第九个节目为双节棍表演；

第十个节目为歌曲《心中的另一个自己》；

第十一个节目为歌曲《美了美了》；

第十二个节目为歌曲《中国人》。

该年度晚会的显著变化，是邀请到不少外地专业演员，本村村民表演者相对较少。在前几年的晚会节目中，多有村民自编自演的小品节目，如2013年晚会小品《恶婆婆》，很受欢迎。其中，“婆婆”由一位男性村民扮演，身穿绿

色衣袍，表情夸张，言语贴近日常生活，村民被逗得哈哈大笑，演出效果非常好。

晚会结束后，村民拥向孙膑庙，烧香磕头。该村的传统，在这天晚上人们几乎不睡觉，串门守夜，一直等到明天赶庙会，观看“烧大牛”仪式。

三、识文断字

自晚清以来，东永安村有不少写字隽美、知书达礼的“文化人”，深受村民尊敬。村里的红白喜事、宗教仪式、曲艺活动、乡规民约的撰写等，都有他们忙碌的身影。

晚清时期，东永安村有一位庠生丛立纲（丛氏第二十一世），是位“百事通”，不仅会撰写碑文、对联、祈愿文疏等，还会书写各种帖子，如婚帖、丧帖、殡帖、贺寿帖等。他还编了一本日常生活礼仪用书，村民称为“帖式”“应酬本”。（参见附录三）该书内容非常丰富，包括各种帖式示例、分家文书、地契、对联、诗词杂文、祈愿文疏、乡规民约等，可谓是日用百科全书，至今仍为村民广泛使用。

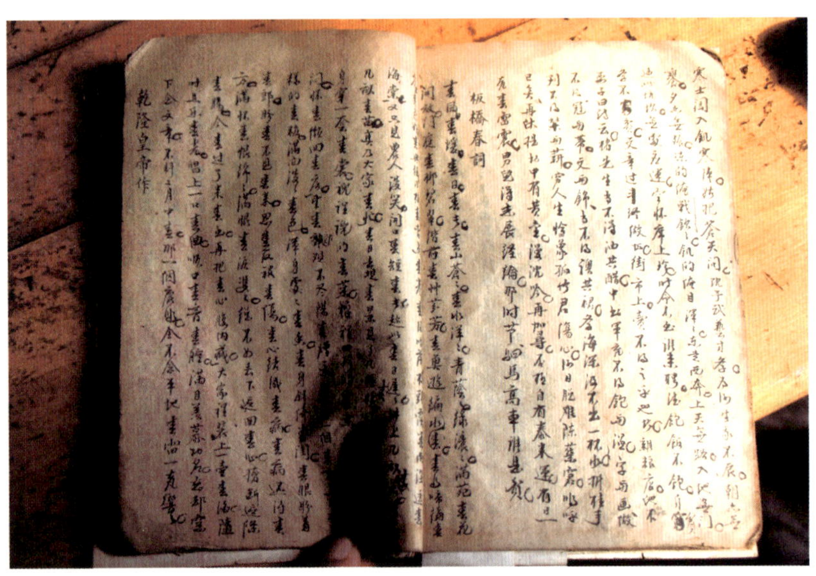

板橋春詞

乾隆皇帝作

丛立纲《应酬本·板桥春词》

据说，丛立纲知识渊博，为人热情，谦和有礼，村民都很愿意与他来往。每逢春节，村里人都会请他写对联，贴在自家大门上，甚至邻近村落也有慕名前来索要的。他有时参照书中抄录写作，有时也即兴创作，很有才气。

时至今日，东永安村仍有一些喜好撰文写字、绘画的村民，如丛乐训、齐忠华、丛延俊等，村内的丧帖、喜帖、庙宇对联、功德碑文等一般都出自他们之手。这些村民还加入了当地有名的文山诗书社，闲暇时写些诗歌短文，发表在《芙蓉文苑》等杂志上。

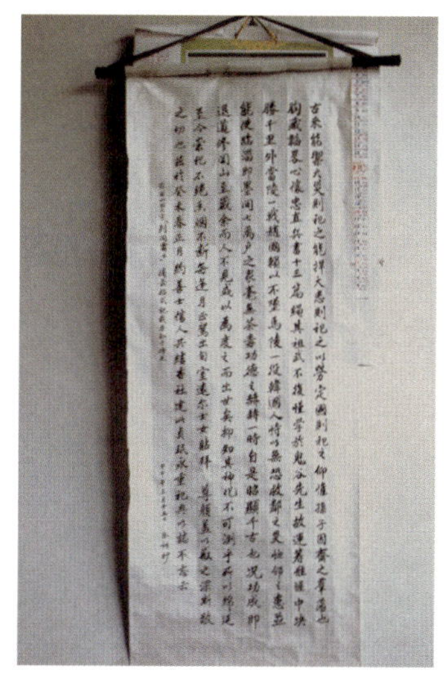

丛乐训手抄《孙子庙碑文》

年过八旬的丛乐训（1932 年～ ），就是这样一位“文化人”“明白人”。他以前在昌邑农村信用社工作，退休后在家。他不仅熟知村落历史、庙宇状况以及丛氏家族史，还写得一笔好书法，常常义务撰写庙宇对联、各种碑文、婚丧帖等，热心参与村落公益事务。他是村内婚丧会委员、潍水丛氏联谊会副秘书长，还是昌邑市文山诗书社成员，曾在该社杂志《芙蓉文苑》栏目发表多篇文章。他的记忆力很是惊人，无论是祖茔碑文、族谱序篇，还是县志八景、名人诗词、曲艺选段等，都能信口道来。

村民齐忠华是乡镇退休教师，他也喜爱书法，热心家族、庙宇等公共事务，近两年被选为东庙庙委会成员。每年玉皇庙里里外外的对联，都由他亲自书写。他还为西庙捐赠过一副书法对联，挂于孙膑庙办公室中。平时，他经常写一些书法作品，赠送亲朋友人，颇受欢迎。

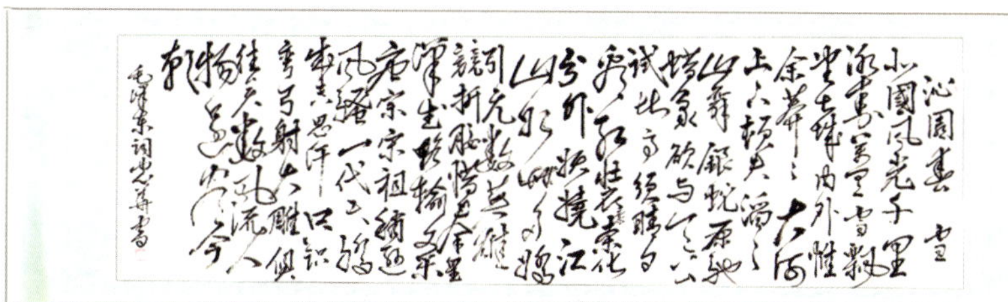

齐忠华书法作品《沁园春・雪》

四、庙委会

在东永安村，村政系统与庙委会是两种最重要的组织机构。“庙委会”即“庙宇管理委员会”的简称，是村民自发建立的一种组织。村内有两个庙委会，即东庙玉皇庙委会和西庙孙膑庙委会，分别由齐氏家族以及丛、吕家族负责。庙委会的组织架构，分为“庙头”和委员，“庙头”为庙宇的第一负责人，又称“会长”“会首”；委员又有会计、物资保管员、日常管理员等具体细分。庙委会的主要任务是负责修缮庙宇，组织大牛或大马的扎制，举办村内文艺晚会，举办庙会，对外宣传，接待外宾以及管理庙宇日常事务等。

庙委会换届推选成员时，是有着一定标准的，譬如性格随和、忠厚老实、不计得失、热心公益等，而庙头的要求就更高，必须有较高的领导组织能力，深谙为人处世之道。自 1997 年建庙至今，孙膑庙庙委会成员大致经历了三任。第一任庙委会成员中负责庙宇管理的多是重建庙宇的组织者，村民常以“盖庙的那些老人”代称，如吕瑞孝、吕佃义、丛悦敖、吕述增、丛兴江、丛正春、吕瑞婷等，这些人年龄多在八旬以上，有的已经去世。村民吕瑞孝是庙宇主要的倡修人，他为人谦和热情，在村民心目中很有威望，是大家公认的第一任庙头。这一任庙委会班子为重建庙宇出了很多力，又不计较个人得失，村民对他们非常认可。第二任庙头吕成英筹资在庙前空地修建了三间房屋，用来接待外人和扎制大牛，给村民带来不少便利。2015 年，在第三任庙头吕世敬的操持下，花费 10 多万元，在庙前新修了水泥台阶与山门，方便村民烧香祭拜、观看文艺表演。吕世敬还组织重新修整了孙膑庙东侧的房屋，专门用来存放未扎制完工的大牛。

自玉皇庙建庙以来，玉皇庙庙委会经历了两任。其中，2015 年以前庙委会成员大都是 1998 年参与建庙的村民，如齐乃信、齐乃瑞、齐忠诚等。2015 年玉皇庙庙委会更换了管理成员，新任领导班子成员由齐乃信等上届老成员挑选，虽然有村民持不同意见，但建庙老一代成员仍然有很高的话语权。新任玉皇庙会接班人有 6 位，分别是齐汉庆、齐殿栋、齐世杰、齐忠华、齐学斌和齐忠茂。2016 年，新任庙委会成员筹集资金，在玉皇庙前面修建了山门。

庙委会一项最主要的任务，就是每年腊月张罗组织扎制大牛、大马，有时还需要召集庙委成员开会。这显示出庙委会较强的组织能力，也因此成为调适社区生活的重要力量。另外，近年两庙都进入政府的非物质文化遗产名录，庙委会还需要协助当地政府“非遗”中心，遴选非物质文化遗产项目的传承人。

五、“念佛的”

在东永安村，村民将信仰神灵、热心庙宇公共事务的群体称为“念佛的”，又称“行好的”“善人”等，其中以中老年妇女为多。每逢庙会，或者农历每月初一、十五，他们都会在庙内烧香诵唱，内容包括各种经文佛歌、孝顺歌等。他们还会定期在家中聚会，相互学习传唱。在东永安村流传的佛歌和唱经文本，主要有佛经宝卷类、神灵创世传说类、祛灾咒语以及日常生活故事等。在东永安村，拥有经文文本最多的要数吕瑞婷老人了。在一间不大的房屋内，有七八个箱子堆放在一起，随便打开一箱，里面的影印本、记事本、作文纸、小纸片等整齐地摞在一起。她还是村内唱佛中的主要教习者，村内会唱经的多有跟她学习的。每逢农历每月初一、十五，一些喜欢“念佛的”村民就来吕瑞婷家唱经歌，农忙的时候会停止。每次家中前来学习的至少有十几位，多的时候有二三十位，大家一边学习演唱，一边抄写经本。

赶会中学习唱佛的善人

这些经本多是村民吕瑞婷以及村内妇女一起外出赶庙会时相互交换所得，每当遇见善人们，便会向她们学习诵唱，借阅文本。据说，她们几乎跑遍了昌邑、寒亭等地庙会，如邻村远东庄、西永安、青山庙会，龙池的姚徐邓村、

瓦城庙会，寒亭朱里镇、柳毅庙会……距离较远的，她们会结伴雇车一起去，后来年龄大了，腿脚不灵便，才很少去了。特别是在本村庙宇重建后，村民就很少去较远的地方赶会了。不过，在20世纪90年代以前，东永安村孙膑庙还未重建的时候，每年都有很多外地的善人前来东永安村西庙旧址烧香磕头，而吕瑞婷又是村内有名的善人，热情好客，常常接待这些外来赶会的香客善人，时间一久，就积累了大量经本。吕瑞婷老人念过几年小学，识字也不太多，好在老伴儿丛乐训是村内有名的文化人。每次赶会拿回家的经本，丛乐训都会耐心地帮忙抄写，甚至还帮她解释含义。以吕瑞婷为代表的善人群体，在村内以及外部世界佛歌经本流通中起着重要的作用，也因此结成一种跨村落的联系。过去，老百姓出远门最怕没人接待，赶庙会相互结缘，便可以在对方家吃饭、住宿等。近些年来，吕瑞婷老人的咽炎时好时坏，常常咳嗽不能出声，如今已很少再唱了，而常跟她学习诵唱的张秀芬、丛金梅等则成为诵唱的主要力量。

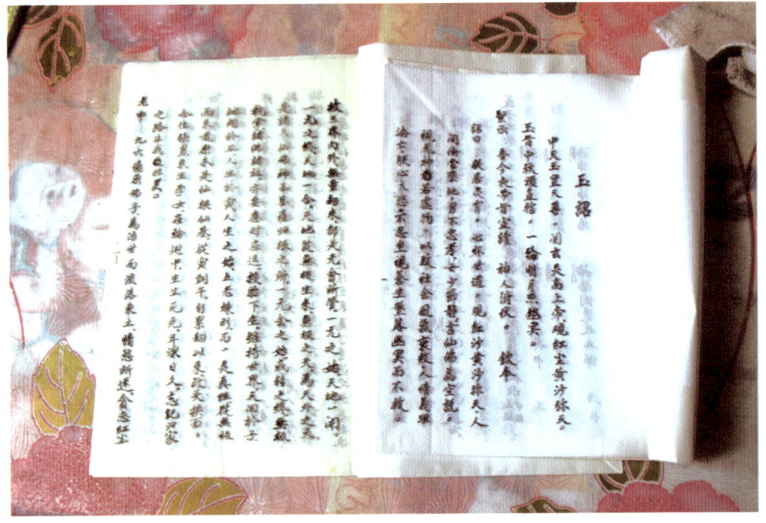

丛乐训帮助老伴抄写的经文

上述经文文本，多讲述佛道故事、民间传说、戏曲故事等，其内容已超越神灵信仰的范畴，而是民间宗教思想与通俗文学的融合，体现着村民对于日常生活的感受以及对于理想世界的向往。村民唱的多是日常情感与对国家的想象，既有儿女对父母亲的爱，也有对于人生的终极关怀，对日常生活的关照，无形中起着道德伦理、礼仪教化的作用。正如村民吕瑞婷所说："这个佛不能瞎念，得懂它的意义，懂得怎么做人，人老了得对得住这个信仰。"①

东永安村主要流传的唱本有数百种（参见附录一），村民在庙会仪式中经常使用的有十几种（参见附录二），大部分较短，与日常生活较为贴近。不同的神灵节日，会唱同样的神歌，诵唱内容不甚讲究。其中，《奉劝世人虔诵地母经》尤为村民喜爱，村民将这首经歌简称为《地母经》，在村内的传唱率非常高，很多善人都可以全文背诵。在正月十四孙膑庙会、三月三王母娘娘庙会、三月十八老母庙会等庙会中，都会在庙前烧祭圣物时诵唱。经文唱道："思量父母苦，当发尽孝心。乌鸦知反哺，羊有跪乳情。人不孝父母，何以超兽禽。我愿世间人，个个孝双亲。"唱词将想象中的宇宙万物的法则，与人间社会的道德伦理统合在一起，在特定时空中以反复咏唱的方式予以宣扬，此时的庙宇、神像则成为一种神圣的背景或见证。可以说，这类"念佛的"群体在村落烧祭仪式中不可或缺，正是那抑扬顿挫的诵唱声使得仪式更加神圣。

六、红色记忆

抗日战争爆发后，东永安村村民踊跃参军，当地还流传着参军的歌谣。如：

参军光荣

八路军独立营，谁参军谁光荣。
骑着马披着红，你说光荣不光荣？
真光荣真光荣，光荣光荣真光荣。
模范爹模范娘，模范儿子上战场。
灭日寇打老蒋，你说荣光不荣光？
真荣光真荣光，荣光荣光真荣光。

这首歌谣体现了人们以参军为荣耀的高涨心情，在那种特殊的年代里，参军抗日、保家卫国成为众多村民义无反顾的选择。

---

① 吕瑞婷，女，东永安村人。访谈时间：2015年3月3日。

当时，东永安村一带驻扎着多种军事力量，有国民党四纵队、国民党五团、日军、共产党等。1938 年 2 月 12 日，驻潍日军沿烟潍公路进犯胶东，国民党昌邑县县长刘毓章闻讯弃城逃跑，日军轻而易举地占领了昌邑县城。占领昌邑后，日军安设据点，扩编伪军，频频对各村进行“扫荡”。昌邑西北双台一带是国民党山东省保安第三师十五旅第五团李树贵部队的防地，团部设在渔埠村，部队分别驻扎在双台、王侯、兴福、角埠、远东庄等村。该团曾将东永安村齐安聚的父亲以“八路”家属的罪名抓去，逼他把儿子找回，老人不答应，竟被活埋致死。① 1942 年，国民党鲁苏战区游击第四纵队进占双台东部，与原驻军五团李树贵部展开斗争，先后占领中裴村、南裴村、家庄、远东庄等村，并构筑工事，安下据点。结果以五团垮台，四纵队王豫民控制二区(双台)而告终。1943 年，四纵队正式投降日本，并攻占了远东庄的据点。② 村民还用民谣来形容当时备受煎熬的生活：“四蹄队，赛虎狼，百姓财物一扫光。苛捐杂税如牛毛，逼得百姓去逃荒。房屋漏倒无人管，田地荒芜不打粮。富家猪狗吃鱼肉，穷人乞讨死路旁。”尽管日子艰苦黑暗，但中国共产党给处于水深火热中的百姓带来了希望，他们不惜生命，保卫家国。早在 1938 年 3 月，北兴福村的共产党员林瑞伍(1898～1969 年)便率领东永安村一带的爱国青年参加了八路军鲁东游击队第七支队，与敌人抗争。1940 年 9 月，昌潍游击大队(后改为昌邑县大队、昌邑县独立营)成立，队伍有近 300 人，大队长由林瑞伍担任，率部先后驻博乐埠、东永安村、西永安村、肖家埠村等达一年之久，与日伪顽军展开殊死搏斗，采取的是伏击、突袭等游击战术。敌人获悉后，常常来东永安村一带实行“拉网清剿”，烧杀抢掠，闹得人心惶惶，鸡犬不宁。日军、匪盗、汉奸等时常入村抢劫残害百姓，这段颠沛流离的战乱生活在村民生动的讲述中仿佛就发生在昨日：

> 我见着鬼子了，他们把吕世环(音)抓去了，拽着往北乡了。当时汉奸比鬼子还多，杂牌子四纵队兵，见着牲口就抢，还抢衣服哩。③

> 鬼子来过两三次，村里死了好几个百姓。吕瑞孝的父亲(吕佃封)就是被鬼子打死的，那天是正月二十四日。当时他趴在庙西的埠子地

---

① 参见中共昌邑县委党史征委会、昌邑县民政局编：《昌邑英烈》，第 100 页。

② 参见双台乡史志编纂小组编：《双台乡志》，第 3、168 页。

③ 丛正春，男，东永安村人。访谈时间：2016 年 2 月 20 日。

上伏击鬼子，鬼子在吕家墓田北头的一个坟墓附近的小埠子上用机关枪往北面扫射。挨着吕佃封的是吕芳普，他一起身，被一枪打到了大腿，正害怕又打来了一枪，打到屁股了。"就跟那钻头打的一样"，这是芳普过后说的。当时鬼子的枪没有打到吕瑞孝他父亲。他那时年龄小也害怕，就跟芳普说："咱赶紧走吧。"吕芳普说："你走吧，我走不了了。"吕瑞孝他父亲站起来就开始走，也就是走了七八步，就被机枪打中了。芳普最后没死。[①]

我们丛家也有人被鬼子杀害的，庄头乐英(音)他母亲就是。她藏在屋子里，鬼子当时没发现。鬼子有一个特点，就是不进户。她从窗户里看着鬼子从北面走了，还看见有人在北边街道上走，就以为鬼子撤了，没事了。谁知道在西庙埠顶上站岗的鬼子没有走。她推开门就往外瞅，被站岗的发现了。鬼子很无情，杀人不眨眼。一枪打过来，她就倒地死了。后面是东西道，延俊的父亲被围在那了。当时以为鬼子都走了，他一鞠躬就被鬼子一枪打中了胸前靠外边的地方，但是没要了命。[②]

据说在1944年春天，东永安村村民丛旺还被四纵队抓去远东庄，以"八路密探"为借口铡死了。战乱期间，东永安村村北茂密的芦苇沼泽地常常成为老弱妇孺的避难所，沟洼滩内生长的植物成为村民充饥的食物。这一区域过去被称为"湍湾堤"，当时共产党有一支联络军驻扎在这里，建有十几间房屋，湾北面是海边，西侧是寒亭，一片湖湾。周围芦苇四五米高，非常茂密，国民党不敢贸然进入攻打。1946年10月1日，国民党第八军某团占领昌邑城。昌邑一带村落遂变为敌占区，人们生活颠沛流离。1948年，昌邑一带最终解放，各村建立起了党支部。

在抗日战争和解放战争期间，东永安村有许多村民英勇牺牲。以下为《双台乡志》中所统计的东永安村烈士表，共20名。统计如下：

① 丛乐训，男，东永安村人。访谈时间：2015年4月22日。
② 丛乐训，男，东永安村人。访谈时间：2015年4月22日。

东永安村革命烈士英名录①

姓名	职务	主要事迹	生卒年月
吕克俭	队长	1944.2　参加三野一师三团三营七连 1944.5　在本县西永安牺牲	1925.12～1944.5
吕兴财	战士	1944.2　参加三野一师三团三营七连 1947.5　在孟良崮战役中牺牲	1923.10～1947.5
吕兴恩	班长	1945.2　参加渤海军区二医院 1948.4　在渤海军区二医院病故	1928.8～1948.4 1948.4　批烈
丛仁训	卫生员	1943.4　参加西海军分区三团 1944.6　在寿光县三里庄牺牲	1922.12～1944.6
丛会兰	战士	1944.4　参加昌北二区队 1944.4　在本乡远东庄牺牲	1914.4～1944.4
齐占山	战士	1945.8　参加三二一师三团三营七连 1947.5　在孟良崮战役中牺牲	1927.12～1947.5
吕日英	战士	1943.11　参加西海军分区三团 1944.6　在寿光县三里庄牺牲	1919.12～1944.6
齐占贵	战士	1943.6　参加三野二十八师八十三团二营五连 1947.6　在泰安县城牺牲	1920.7～1947.6
齐松奎	排长	1944.5　参加昌北独立营 1945.5　在本县李家埠村牺牲	1921.7～1945.5
丛占乐	战士	1949.2　参加三野七十九师二三五团警卫连 1953　在浙江嘉兴市牺牲	□～1953
吕光田	排长	1941　参加昌北独立营 1942　在本县十字路牺牲	1912.11～1942
齐占恩	排长	1947.2　参见二十军五十八师一七四团 1950　在朝鲜战场牺牲	1925.12～1950 1963.10 追烈

① 双台乡史志编纂小组编:《双台乡志》,第210～211页。

续表

姓名	职务	主要事迹	生卒年月
齐恩起	连长	1942 参加四野十八师五十三团二营五连 1948.10 牺牲	□～1948.11（追烈）
齐恩道	班长	1943.2 参加三野二十八军八十二师 1949.8 在福建省福州市牺牲	1924.8～1949.8
齐安智	战士	1943.4 参加三野七师二十一团 1943 失踪	1926.3～1943 1963 追烈
吕言起	营长	1946.3 参加五四六一部队二十六分队 1973 在日照县西岭家疗养院病故	1931.11～1973 1973 批烈
齐恩考	通讯员	1943 参加渤海军区五分区司令部通讯排 1945.11 在寿光羊口海面沉船牺牲	1927.5～1945.11
丛孟周	排长	1944.10 参加渤海军区五分区司令部 1945.11 在寿光羊口海面沉船牺牲	1925.6～1945.11
陈孝忠	战士	1945.3 参加渤海军区十四团 1946.2 在寿光县周家疃病故	1924.3～1946.2 1946.2 批烈
吕奎英	战士	1944.3 参加昌潍独立营一连 1944.8 在本县李家泊牺牲	1922～1944.8

附　录

一、神歌经卷目录

该目录为东永安村流传的神歌经卷，共有 240 余篇，主要在村民吕瑞婷及张秀芬家拍摄而成。村民常使用的有十几首，大部分较短，与日常生活较为贴近；篇幅较长的如《地母真经》《地母妙经》等，村民并不经常使用。神歌经卷的使用时间主要是庙会节庆，农历每月初一、十五及日常聚会。村民一般称这类诵唱活动为“唱佛”。现将神歌经卷目录抄录如下：

○《五报经》○《十报经》○《务字开经咒》○《减罪文》

○《佛说弥勒救苦经》○《弓长出世招贤真经》○《白衣大士咒》

○《地母妙经》○《奉劝世人虔诵地母经》○《佛说金刚神咒》

○《密迹金刚神咒》○《太上玄灵北斗本命诞生真经》○《收魂咒语》

○《金刚神咒》○《忏悔文》○《四向偈》○《太阳星君经》

○《太阳星君经》○《消病神咒》○《地狱游记四十一日》

○《老母嘱咐金石良言记心间》○《吕祖劝世歌》

○《天机》○《玄机》○《无生老母金船开》

○《关圣帝君慈训》○《院长指示修道训》

○《吾皇圣南降坛枇留训篇》○《救劫灵章》

◯《释迦文佛指示训》◯《大成至圣孔夫子指示训》

◯《道德天尊指示训》◯《基督教主耶稣指示训于彰化菩提园》

◯《玉皇大天尊关圣帝君警世文》◯《竹山连兴宫天上圣母降》

◯《修道之宗旨》◯《云城歌》◯《九九节经》

◯《劝世佛》(抄于庚辰年五月)◯《敲晨钟》(渔光曲调)

◯《修道五更》(苏武牧羊调)◯《学庸忠恕谈》

◯《采茶歌》◯《十二月佛经文》◯《素食歌》(苏武牧羊调)

◯《叩头经》◯《钥匙经》◯《镇梦咒》◯《修行佛》

◯《法船歌》◯《普陀赞》◯《定身咒》◯《老母曰》

◯《太上老君说常清静经》◯《太上洞玄灵宝昇玄消灾护命妙经》

◯《太上灵宝天尊说禳灾度厄真经》◯《无上玉皇心印妙经》

◯《太上玉皇灵宝天尊说救苦妙经》◯《元始天尊说升天得道真经》

◯《太上正乙天尊说消灾龙虎妙真经》◯《太上老君亲留天地经文》

◯《皇经五更》◯《往生咒》◯《玉法号》◯《入心印经》

◯《灵官咒》◯《土地咒》◯《黄氏女宝卷》◯《哭五更》

◯《柳毅山》◯《放风筝》◯《老母娘卖松柴》◯《仙姑打秋千》

◯《知足就好》◯《小棉袄》◯《号船》◯《灶王经》

◯《青石山》◯《小船》◯《西北上打雷阴了天》◯《通天经》

◯《护身经》◯《梦寿经》◯《打新春过新年》

◯《一尊莲花》◯《弟子进佛门》◯《佛祖大道放光明》

◯《葫芦花》◯《五更上蒲坦》◯《五更盼善人》

◯《单道》◯《黑森森》◯《亲爱的道友们》

◯《佛爷留下的地母经》◯《五棵白菜》

◯《为从烧香记心怀》◯《大年佛》◯《想儿》

◯《小小手绢》◯《八登神仙》◯《镇鬼怪符》

◯《南无摩诃波罗蜜》◯《一颗瓜》◯《四向观音菩萨》

◯《观音老母空中暗查访》◯《送生娘娘空中悬》◯《庄农理》

◯《老母娘娘的花手巾》◯《四恶至理歌》◯《敬三官》

◯《法船歌》◯《敬拜老母娘》◯《盼师傅》◯《莲花观音》

◯《一句弥陀最方便》◯《一棵白菜》◯《盼老母》◯《十个大字》

○《老母保你好家园》○《上蒲团》○《石榴开花满园红》

○《真心拜香案》○《念念阿弥陀佛》○《一个荷叶圆又圆》

○《财神记》○《太阳本是东海生》○《从东来了一位生》

○《跟老母修行》○《无生老母》○《拜香》○《路神老爷》

○《关老爷佛》○《知足就好》○《烧香拜佛保平安》

○《放风筝》○《比孝歌》○《好人歌》○《五修行》

○《湘子出家》○《送莲佛》○《千万别烦愁》○《黄表文书》

○《五开心》○《一棵竹子》○《善人修行》

○《千面汤》○《秧歌小曲》○《观音家门经》

○《豌豆花》○《无生老母传信》○《无生老母救灾难》

○《八仙记》○《八仙观灯》○《皇姑游山》○《地宫路神佛》

○《一炷明香》○《五拜观音》(经常唱的)○《斗转天盘》

○《烧香佛》○《三把钥匙》○《五更盼善人》○《苇笠佛》

○《观音老母三个难》○《弟子进殿》○《初一十五拜神仙》

○《盼老母》○《想师父》○《全神佛》○《十尊菊花》

○《普劝歌》○《十娘娘》○《众位佛祖下山来》

○《姐妹十人逛花园》○《众位佛祖下山来》○《敬三关》

○《地母佛文》○《北斗咒》○《真心烧香靠太安》

○《赶永安山》○《观音老母卖鲜姜》○《无生老母坐莲台》

○《一步真心进佛门》○《中天玉皇关圣帝君指示训》

○《般若波罗蜜多心经》○《天道歌》(苏武牧羊调)

○《观音咒》○《地母真经》○《老母指迷金箴跋》○《佛说眼明经》

○《老母慈悲真无穷》(苏武牧羊调)○《佛目一望》

○《真道妙玄歌》○《师尊归空留念词》(苏武牧羊调)

○《门牌》○《鬼神结缘记》○《却瘟神咒》

○《老母经》○《弥勒古佛真经/佛留经文救劫明心宝卷》

○《老娘批示嘱咐语》○《天然老师批示万教归一经文》

○《正月十五山门开》○《十劝世人》○《供香》○《劝世歌》

○《出门经》○《十大敬》○《护身咒》○《灵符》

○《念阿弥陀佛》○《五更做梦》○《十里门》○《四挡》

◯《五进经堂》◯《小黄瓜》◯《道纲正义指南》

◯《低首叩拜地母娘》◯《一见道友》◯《知足的老婆》

◯《关圣帝君救劫度人指迷篇》◯《九五更》

◯《观音菩萨教过训篇》◯《叹修道歌》◯《观音母度人》

◯《按密食敕令》◯《佛祖指示训注参》◯《金佛银佛弥陀佛》

◯《祥子出家》◯《为从念佛烧香喜洋洋》◯《一见姐妹石带笑》

◯《五更保宝桌》◯《鼓打一更泪浇流》◯《弓长劝徒训》

二、常用神歌选

说明：以下文本依据村民吕瑞婷、张秀芬所收藏的手抄本整理而成，为保持原貌，错讹之处未作修改。

(一)《奉劝世人虔诵地母经》

地能生万物，如母养群生。慈悲德方厚，广大无比伦。
混沌初分后，娲皇制人伦。乾坤合其德，两仪妙生成。
从此地母神，流传一卷经。此经最灵应，世人罕见闻。
有缘遇着了，一字值千金。下济三涂苦，上报四重恩。
虔持经一卷，孝顺事双亲。试看尘世上，茫茫无数人。
仙佛与圣贤，王侯及庶民。九州大地众，谁非父母生。
十月怀胎苦，三年乳哺辛。膝下兰桂茂，高堂白发新。
一生苦拮据，无非为儿孙。思量父母苦，当发敬孝心。
乌鸦知反哺，羊有跪乳情。人不孝父母，何以超兽禽。
我愿世间人，个个孝双亲。无论男合女，不分俗与僧。
都要孝父母，皆当奉此经。地母神通大，慈悲愿力深。
慧眼观大地，苦海困群生。若有孝亲者，地母悉知闻。
有人奉此经，阖家保安宁。高堂增福寿，亡化得超升。
能免刀兵劫，能避水火瘟。后代日昌盛，财源自丰盈。
或诵千百卷，印送广流行。在生千祥集，死离地狱门。
若有毁谤者，果报祸非轻。奉劝正君子，虔诵此真经。

获福不可量，信受自然灵。

无上虚空地母无量慈尊敬诵。

(二)《五拜观音》

观音老母坐莲台，弟子捧香把你拜。
双膝跪在流平地，母娘叫俺表心怀。
一拜观音三叩头，一家老少你保佑。
儿女出门保平安，家中高香佛不断。
二拜观音心意诚，祥云吉星到门庭。
一顺百顺事事顺，佛门善人喜报应。
三拜观音六叩头，有灾有难你搭救。
袍袖一甩脚一跺，躲过灾难念弥陀。
四拜观音心开花，善心修得福到家。
福到善门把根扎，手捧高香谢菩萨。
五拜观音十叩头，心中在佛灵霄九。
茫茫大海接佛言，佛光万里照吉年。
念到这里佛为满，观音老母保平安。
金弥陀银弥陀，一千一万弥陀佛。
阿弥陀佛！

(三)《念弥陀佛》

本师释迦佛，教我怎念佛，念阿弥陀佛，望生皆成佛。南无阿弥陀佛(念四遍)。

清静平等觉，度我去极乐，圆满心中愿，终生皆成佛。南无阿弥陀佛(念四遍)。

放下贪嗔痴，离开是非窝，一心念弥陀，清静好见佛。南无阿弥陀佛(念四遍)。

吃戒生好处，念佛得往生，临终无障碍，弥陀远相迎。南无阿弥陀佛(念四遍)。

愿意此功德，庄严佛净土，上报四生恩，下济三涂苦。南无阿弥陀佛(念

四遍）。

若有见闻者，悉发菩提心，尽此一报身，同生极乐园。南无阿弥陀佛（念四遍）。

阿弥陀佛！

（四）《十个大字》

中原有个神仙山，山前山后二龙盘。玉皇老爷山顶坐，手打眼罩四下观。中国的黎民受了苦，中国的黎民遭了难，玉皇一见遭了难，差下天兵天将下天盘。

写了“一”字一栋梁，天兵上马一条枪。天兵出马哪里去，保护中国得安康。

写了“二”字两条龙（天兵），胡家出马要行动。胡家出马哪里去，保护中国得太平。

写了“三”字三封桥，关老爷上马手提刀。关老爷出马哪里去，围着中国走千遭。

写了“四”字四层门，罗成出马威威神。罗成出马哪里去，保护九省八百村。

写了“五”字五八功，上马出发是武松。武松出马哪里去，保护九州十八省。

写了“六”字六条龙，上马出发穆桂英。桂英出马哪里去，不用中国万万兵。

写了“七”字七天星，上马出发老黄忠。黄忠出马哪里去，保护中国万万兵。

写了“八”字八百排，刘伯温上马下山来。伯温出马哪里去，保护万岁坐龙台。

写了“九”字九道沟，孙老爷行宫把庙修。老爷这庙怎么修，不用善人您发愁。

写了“十”字十安详，十位神仙下天堂。神仙老爷哪里去，保护善人修庙堂。

十个大字忙写完，眼前就是太平年。

(五)《五报恩》

1. 天降甘露润乾坤，地长灵芽济万民。一是天能盖(啊)，二是地能生。万物从天降，尽在弥陀中。思量起天地给咱恩难报啊。弥陀佛念上一千声。

2. 早看东南日转西，莫论如土向西追。二论咕腾起(啊)，三光不赞停。只为合会安，昼夜放光明。思量起日月照临的恩难报啊。弥陀佛念上一千声。

3. 长济中华富贵春，九天降下圣明君。四海波浪息(啊)，八宝尽来迎。天下民安乐，五谷好丰登。思量起皇王水土的恩难报啊。弥陀佛念上一千声。

4. 十月怀胎母临身，三年乳哺长成人。未干并就□□，住母娘的身。突然儿有难，爷娘同挂心。思量起父母养育的恩难报啊。弥陀佛念上一千声。

5. 三教祖师问神明，传经传法到如今。即说咒曰：金婆婆金婆婆地陀罗呢地呢诃罗提撒婆诃。阿弥陀佛！

(六)《庄农理》

开天阔地立人烟，三皇主世是根源。伏羲女娲分男女，当下庄农万古传。哎！

庄农本是善人汉，方寸地里去种田。种田不用犁和耙，不怕涝来不怕旱。哎！

春天仲春春下种，夏天仲夏夏有蝉。秋天仲秋秋结籽。冬天不收受饥寒。哎！

念经念佛开荒地，烧香烧币种庄田。种上不锄不结籽，加加功夫锄几遍。哎！

根深叶茂长得鲜，当人一见心喜欢。打发善人去磨镰，打成绳子捆成捆。哎！

一步一挑往家担，中央担到戊己土。婴儿姹女把纺翻，一翻翻到中秋月。哎！

手捋方伐院上院，套上白牛青石揩。没上代下一齐颜，卸下白杆摘下磚。哎！

四面八方堆场院，扬场就看风儿顺。把麦一拥空中悬，麦糠秕子随风去。哎！

十成九籽落场院，代要修行莫等闲。有人学会庄农理，天下太平人安宁。哎！

(七)《吕祖劝世歌》

曲木危直终必弯，养狼当犬看家难。墨染鹚鹭黑不久，粉洗乌鸦白不鲜。

蜜溅黄连终须苦，强摘瓜果不能甜。善人不作恶人事，恶人难结善人缘。

善书到处都须阅，望君敬重莫等闲。阅过送人更获福，惠而不费功无边。

良言一句三冬暖，恶语伤人六月寒。果真欲享无量福，多积阴德少积钱。

(八)《儿女孝顺歌》

父母不亲谁是亲，不敬父母敬何人？在堂奉养十六两，后代儿孙还一斤。

千两黄金万两银，有钱难买寿双亲。在生及时不孝敬，死后何劳敬鬼神。

幼时全赖我亲恩，怀抱提携饔与飧。设使病时亲不在，饥寒难保命难存。

如无父母本无身，可悟前人启后人。寄语痴心男子汉，莫钟儿女薄双亲。

人生七十强支持，帘卷西风烛半支。寄语儿孙好看待，眼前光景不多时。

万般劳瘁有时休，有子辛勤无尽头。能体亲心行孝道，彼苍定必遂君求。

孝行从来可格天，经文熟读孝心坚。檐前滴水无差错，孝子生孙定必贤。

我孝双亲尽百端，留为后代与人看。芳名千古家昌盛，逆子顽孙心胆寒。

三、《应酬本》选

说明：本书于东永安村民齐忠富家中搜集而得，全书共133页，成书年代大约在清末民初。[①] 据村民丛乐训说，该本由本村庠生丛立纲所抄写。第1～6页为新纸张，包裹原书，内容为《报丧帖解说》，与原书第1～4页类同（缺损较多），笔迹与其他书写不同，应是后人为避免内容丢失而重新誊写。下文中"□"为字迹不清无法辨识者，"Δ"为原书所写，"……"为详细内容省略。

（一）报丧帖解说

书中共罗列了19条丧帖解说，如前两条：

1. 首面先写"讣"字。讣者速也，谓速告丧也。丧父写"先考"，丧母写"先妣"；丧祖父写"先祖考"，丧祖母写"先祖妣"；丧长子写"冢男"，丧余子写"众男"；丧长子妇写"冢妇"，丧余子妇写"众妇"；长孙写"冢孙"，余孙写"众孙"；长孙妇写"冢孙妇"，余孙妇写"众孙妇"。

2. 父殁而丧祖父，则以长孙口气写"先祖考"，自称"承哀孙"某人泣血稽颡；若有叔父在，傍再起一行，落两字写"孤子某人泣血稽颡"。若母亦殁，即写"孤哀子某人泣血稽颡"，接连写"暨孙某人泣血稽首"。若无叔父而有兄弟者，写"承哀孙某人泣血稽颡"，傍再起一行，写"期服孙某人泣血稽首"。

另外还有多种情况下的丧帖写作格式，如"祖父在，父已殁而丧祖母"，"祖父与父具殁而丧祖母"，"丧子则以父为主，即顺父之口气写"，"父母均殁，妻又生子，丧妻主丧，下款可书'杖期生（或夫）'"等。

（二）殡帖解说

殡帖解说共10条，主要介绍了殡帖写作格式的注意事项，如下：

1. 首面中写"哀启"二字，此主三年之丧说……

2. 殡帖写"台慈垂恻"，是承祖父母与父母之丧写的……

3. 殡时之主则写……

---

① 因书中同一笔迹提及"光绪二十七年"（1901年），故成书不早于1901年。

4. 请点主官与礼相，用红全贴，首面中写“正”字……

5. 生母之丧写“先生母Δ氏”……

6. 若年纪八十九十写“享寿”，六十七十应写“享年”……

7. 妾生之子，承祧奉祀，妾死□家长而无嫡妇，则以家长为主。

8. 谢祭帖，红签盖蓝签，与殡帖同样，为祖父母与父母谢帖，首面中写……

9. 殡后谢大祭帖字，首面中写“正”字，谢礼写在上面，拜名写……

10. 帖末□全帖，回亦用全帖，首面中写“正”字，拜名在上面。

(三)各种帖式示例

书中共列举了64种帖式写作范例，主要包括：

丧父报丧帖示例、丧母报丧帖示例、丧继母报丧帖示例、丧祖父祖母报丧帖示例、丧祖母与祖父报丧帖示例、丧妻报丧帖示例、丧长子报丧速殡帖示例、丧中子报丧速殡帖示例、丧长子妇报丧帖示例、丧中子妇报丧速殡帖示例、殡父母会客帖示例、殡祖父母会客帖示例、丧妻会客帖示例、殡父母帖式示例、殡祖父母帖式、殡子帖式、殡子妇帖式、殡生母帖式、谢帖示例、殡祖父母谢帖示例、殡妻谢帖示例、送挽言单帖示例、写挽言拜名式、殡后谢祭帖式、全收谢帖示例、不全收谢帖示例、全不收谢帖示例、光助单帖带套、娶妻单帖带套、邀帖示例、催帖示例、先□日请客全帖式、戏酒请客帖式、请会客帖式、女家请客帖式、娶妻请客帖式、柬式、纳彩帖式、回帖式、餽赆礼帖示例、入学拜师帖示例、送节礼帖示例、接风濯足请帖式、请僧家帖式、请道家帖式、僧请俗家帖式、道请俗家帖式、入泮贺喜传帖示例、贺寿传帖式、贺贡传单示例、为父母贺寿帖、贺贡士帖、贺寿单帖、赠旌帖式、请相礼帖、请做斋帖、割继请帖、娶妻光助帖、邀祭客帖、开荤单帖、开荤全帖式、会点主相礼帖式、请点祀相礼帖式。

(四)对联

从内容上来看，本书对联主要包括丧礼联、婚礼联、贺寿联、贺生子联、贺门生入泮联、起集对联、谢雨对联等。以下列举几副谢雨对联：

子弟戏谢小雨：益以霡益以霂聊润数亩禾黍

乡里鼓乡里锣也比奏几部笙歌

六月谢雨：报神灵而奏清歌嘻嘻之嶰作唤鼍匽

酬甘澍以彰妙舞翩翩之绣裾映芙蕖

绕遏七夕庆天泽仍扮天河会上天河配

适当三伏报秋成预唱秋风词里秋风清（此岁润七月）

六七月：檀板轻敲舞节还随菡萏润

金樽屡磬歌声犹伴匽鼍清

闰七月：时过七夕今节诗歌万舞（流火）迴星驾

序入三伏后庚禁奏九阙（大田）报秋成

十月：曲奏梅花弄灵液犹滋大庾岭

歌调白雪词神膏还透小阳天

另有几副关于孙膑的对联，大概是因为村中有孙膑庙，写对联会常用到，笔者抄写如下：

一代威名雄战国　千年风景萃都昌

鬼谷山千年奇术　马陵道万古英雄

名振马陵观将略　道传鬼谷显神机

荡荡浩气固北海　巍巍功熏等泰山

当年事业惊诸国　此日炉烟福二东

独角青鸣齐邦兴　沉香拐举六国寒

七国奇功五万灶　一生神策十三篇

以战止戟补仁义之不逮　杀人安人全天地之好生

师政齐朝巍巍□成功也　灵显郡境荡荡无能名焉

减灶成功赫赫奇深惊七国　屠龙茂绩巍巍绝业高千秋

花暖青牛卧　松高白鹤眠

屠龙茂伟绩　减灶成大功

沉香拐欲降　独角青长鸣

（五）诗词杂文

本书抄写了许多诗词杂文，如《勤学词》《南阳柴先生训子格言》《乾隆皇帝游金山寺作》《隐士家记》《赐百官》《清明诗》《杭州知府叛兄弟争财语》《扇子文》《春词》《张继贤供状》等。

(六)修庙、修桥碑文

修庙缘簿文

邑Δ处旧有Δ庙一座,忆昔栋宇巍严,神像显赫,不独壮观于一方,实能默佑乎万民也。而今前殿后殿以及两廊,皆栋折、檩崩,无一完固。吾等感恩思报,敬凛以修理。无奈独力难成,不免叩化四方。善男信女,如施资财,共成盛事,则神之报应固不爽,而吾等之感激亦无穷矣。

又

盖闻神飨馨香,隆四时之祈报,庙客轮焕,壮一方之观瞻。如Δ乡Δ庄,旧有Δ庙一座,诚妥神之灵府,棲真之奥区也。但历年久远,渐即倾圮,风摧栋折,雨蚀瓦崩,□经者尤为伤心,屡睹者更为扼腕,欲加新造重整旧观然。而大厦将倾,非一木所能支,众神并建,实孤村所难就。为此募化四方,仁人君子同□等缘共襄盛举,集众美以成裘,合群文而为锦。神获凭依之所,功莫大焉。人尽昭假之,诚福无量矣。

修桥碑文

□来江河,济以舟楫,而沟渎则济以桥梁,大抵然也。吾族夹水而居,东西分列,朝夕往来,非桥不能通。旧有一桥,不知始自何年,创自何人,车辙人迹,日就残毁。Δ年族人共议重修,勉余□督,计资万两,悉出本族,并不募诸他乡姓。薪石挑工,月余告成。规模则仍旧,气象则增新。总无雁凿排空之势,而病涉之忧万年可免。工竣之余,刻石记焉。称曰瑞桥。凡捐资之人,悉载碑阴。上者居上,次者居次,非敢施劳也。聊以示世来,无忘修补云焉尔。

大安社修堤河桥碑文

齐唯堂

尝考堤河大桥有五座,今仅存其二。其一在北于违二三里,计同治十年业已重修矣。惟□□河中央,尤为东西往来通衢。潍水溢,水自王老仪沟北下,必经此而注□海。海水潮来,沿河而上者,逶迤不下数十里,兹适当其冲也。地势洼下,路途泥泞。其宜建兹也,桥固至今。夫盛而必衰者,天道也,成而必亏者,物理也。念兹岁久断裂,淤泥浸平,往来之人临可返驾,兹有桥而无桥矣,不感慨哉!戊寅冬,诸父老议襄兹义举,无奈饥馑荐臻,家室屋

空。遂以卒业而不果,幸而慷慨好义者出,捐资助理,仍其地而广大之,而此役遂成。夫乃叹物之穷变通矣。兹曰:天命岂非人事哉!

孙子庙碑文

古来能御大灾则祀之,能捍大患则祀之,以劳定国则祀之,仰惟孙子因齐之群藩也,胸藏韬略,心怀忠直,兵书十三篇。绳其祖武,又复谨学于鬼谷先生,故运筹帷幄中,决胜千里外。当桂陵一战,赵国赖以不坠;马陵一役,韩人恃以无恐。救邻之灾,恤邻之患,并能使临淄、即墨间七万户之众,毫无荼毒。功德之赫赫一时者,自足昭昭千古也。况功成即退,道修闾山,至岁余而人忽不见。或以为度之而出世矣,抑之其神化不可测乎?所以绵延至今,崇祀不绝,香烟不断。每逢月正,驾出旬宣,远迩士女,贴拜尊颜,盖以感之深,斯敬之切也。兹于癸未春正月,约善士信人共结香社,建此贞珉,永垂祀典,以志不忘云。

前有四大字"列同霜日"。

(七)乡规民约

禁约 为放麦苗

合庄共议为禁条事。盖闻朝廷有法度,乡党有禁,约条法度,维持天下。禁条爰束一庄,缺一不可也。夫国以民为本,民以食为天。各家及时种苗,急望米成熟,上纳国税,下养父母。此麦之种,性命攸关。近有不法之徒,往往撒放牲畜,践含麦苗,损人利己,诛可痛恨。合庄共议,立此禁约。立自以后,如有再放牲畜者,罚钱若干。见者不言,一经察出,亦罚若干。如罚不服,执此禁约,赴官公夺,决不食言。

墓茔禁约

盖闻佳域腾域,幽灵所凭依,芳树瑞册,先人之庇荫,况祖茔尤合族所履祥之地乎。不意有不法之徒,携筐莎笼,擅取林木,大犯礼律,最为可恶。因此合族议立罚约,各宣薰论子弟,训诫童稚,勿剪勿伐焉可也。向后如有再犯者,罚钱若干,外具礼仪,呈茔□罪,见之故为隐匿者,罚亦如之为者。如有不服,无论亲疏,合族公夺,决不食言。

墓中栽树罚约

盖闻乔木为故国之光，墓树乃先人之依，理宜培植，不可损坏。如吾族△茔在△处，新栽△树若干株，根力未深，枝叶未茂，不耐伤损。爰立罚约，立告白，全庄人等各宜训诫子弟，勿使摧残剥落。如有不遵约束者，赴官公夺，绝不宽恕。

当老人会文

立罚约人△△，情因人子事亲送死，尤重于养生，棺椁衣衾，无财不可以为悦，遂大家公议，特立一会，以备大事。约定凡在会人等，一遇亲丧，即具贴讣，定期会吊，每人奉钱若干。致吊灵前，殡时亦具贴达知，每奉贴仪若干，送殡或人或钱。如有不到者，罚□若干。大家饮酒。日久年远，或有逃亡拐骗者，大家公摊。或殡时天道不便，同会人等，协力奉重，不许脱逃。吊丧送殡日期，会首持纸以便记账。约定之后，凡在同会，各宜懔遵。

老会文

盖闻竭力者人子之职，通财者朋友之情，孝与义者皆吾人所宜兼尽者也。然孝莫大于送死，而又莫大于助丧。故董永自鬻，孝以久仰于往古，范雍捐租，义举犹钦于今兹。古之人孝义兼尽，良可慕也。惟是同家亲友，约会一党，喜则于庆，丧则于吊，使人子又竭力之资，朋友有通财之义，□务期如古人之孝义兼尽云尔。谨将所订会规开列于后。

分　单

立分单△人。盖闻江河万流而一源，枝柯分茂而同根，手足之情，无时或异，但因子孙众多，勤惰不一，日后消长难料，苦乐不均。为此，请亲友族人将祖父所遗产业，均分几分，兄弟几人，各执一纸，以为久照。今将所分田宅、器物，开列于左。

又

立分单△人，因年老性慵，不能料理家务。为此，请亲友族人将祖父所遗田产物业，品搭均分，各执一纸，以为久照。所分田产物业，开列于后。

继　单

立继单△人。盖闻由委溯源，理莫先于正派，援条续干，义无有取于旁枝。封三恪以延义农，安不知为疏族，立东楼而续夏辰，岂必果为嫡传。先王制典，灭绝之典不其然乎？贤者笃睦族敦宗之情，良有以也。兹因族弟△

人,年近几旬,子嗣尚缺,幸△△有子△人,深念宗祀攸关,不忍坐视斩绝。爰依族长公议,兼聆亲友昭训,慨命亲生第几子△人,出承其祧三年,早已过房。于今敬书质剂,总属移花接木,实则一本同根,彼此意首心安,各无猜嫌反悔。伏愿自此以往,朝夕承欢,箕裘克振,将庐第之高风弥敦,邓攸之苦楚必释焉。况此子总角,突尔戴弁,目前即是婚期,倘得瓜瓞绵绵,奕世之蒸尝攸赖,诚为天下恩浩。吾族之福泽无疆矣。爰书锦帛,永存证验。

继　单

张松年,原张恩光之子,承其伯父之嗣,因老缺嗣,松年以其长子继之。

主继单人张松年,切念金玉联肩,方显家门之盛;桂兰绕藤,始称世系之隆。无若邓攸之愁苦,可不代为释乎?庐第之高行,更宣有以敦矣。然移花接木,抑或有取于旁枝,而由委溯源,理莫先于正派。兹因吾叔△人,年已耄耋,嗣续尚缺,念及承祧,应为预谋。况吾叔原吾生父,吾子即叔嫡孙,更不殊分港别潢,引归沧海,蚁□鹳垤,藉补泰山也。爰是谋之族人,商之亲友,奉古来继绝典灭之规,遵今时选贤择爱之例。谨命吾子△人,出继吾叔之祧,即日便使出房,在吾□为割爱,当时便令入室,在叔依旧含饴。伏愿自兹以往,朝夕承欢,箕裘克振,更可瓜瓞绵绵,奕世之蒸尝攸赖。诚为天恩浩浩,吾门之福祚无疆矣。是为继单,永存证验。

招赘单

立招赘单△人等,年老无子,又兼近支无人应继,只有一女,年将及笄,权为招赘,以承先嗣。适有△人第几子,岁已若干,家贫不能为成婚,情愿为赘,两家俱出意恳。今于△月△日,同亲友族人共成此事。既成之后,自应一心于照,不可二三其法,夫随妻姓,婿尽子职。男不亲迎而有室,女不于归而有家。二姓合一姓之好,一代延百代之传。凡属姻族,共立此单,以秉永久,以正后记云。

招赘单

常思天下事,有常不能无变,而人之处事,守经又当守权。故有子以承祧者,其常也,无子而过继者,变而不失其常也,惟身无子而又无可过继,则变之中又变也。使不有权以通之,不几终于无后乎?正矣,权之为用大也。兹有△人,年若干岁,犹然缺嗣,今无子矣,而又无可过继,非变之中又变乎?幸也尚有一女,年将及笄,凭亲眷说妥,情愿坐招△人之子为婿,却不名为婿，而为子。不以甥礼管，而以后嗣托。本系△姓，今改△氏，养老送终，非异人任矣。所有家业，全属此人，他人不许争执，此所谓通权以达变者也。恐后无凭，立此单存证。

卖妾婚单

立婚单△人，有妾△氏，年若干岁，独无子女。因妻妾不和，兼之失守妇道，义不容留人。情愿改嫁△人为正室，永无违碍等情。异日如有不测，有买主一面全管，不跟卖主相干。后定彩礼，京钱若干，当交不欠。娶后无凭，立婚单为证。

卖妻婚单

立婚单△人，自幼凭媒聘定△氏为妻，年若干岁，未有子女。因年景饥荒，失守妇道，义不容留。与伊娘门△人所议汉协妥，未有异词，情愿改嫁△人为正室。如有违碍等，情由买主照管，与卖主无干。后定彩礼，京钱若干，当面交足。娶无凭据，为立婚单存证。

退亲字

立退亲字△人，因△孙子名△△病故，遗妻△氏，年若干岁，无子又无过继，不愿终守。有彩礼若干，面交无欠，情愿退婚，任其母家另与择配，不于婆门相干，娶无后凭，立字为证。

（八）祈愿文疏

立愿誓△△为△△身得急疾，亲口许下口愿，今疾未愈□□，愿他□一身带去于他人，永无繫累。△年△月△日　立

疏　文

其疏主人系山东莱州府昌邑县△社△庄△道居住，为△△□阴锁一条，未经开释。今逢奠雁/于归良辰，在天地台前对锁符娘娘收锁开释。自此以后，永保平安，感法无极焉。

许替身还愿文疏

都昌△乡△社△庄△甲俗人△人，为△人身患△疾，曾以使女许到△神案前，以备使用。今将使女送到，以作△人之替身。香纸俱全，伏祈！

永保平安　尚饗！

光绪△年△月△日

替身之愿已还而又烧□送给替身使用文疏

都昌△乡△社△庄△甲俗人△人，为△人有疾，曾许替身一个，名叫△△，业以送到，以备使用。今逢佳节，敬备香烛之仪，□□于△神面前，伏祈！

捎去喜钱、务分于替身△人使用，永保无恙！

光绪△年△月△日　行疏

未有病生前扎柜子盛艮□烧过去着库官存着贴封皮文疏

都昌△乡△社△庄△甲俗人△人，为△为扎柜子一个，内藏金银财宝，烦车脚力士送之库官收存，以待百年之后自许本人使用。强神恶鬼不准争夺，如有差失，封皮为证。

封皮文

运把钥匙柜上带，不许恶鬼乱于开；待到本人百年后，始得用锁自取财。

光绪△年△月△日　谨封

钥匙经

钥匙经，幽冥通，虔心诚意告神灵。忝为先父/母辞旧世，金柜一樟送阴城，内盛金银共财宝。金锁银钥自获封，强神不许夺，恶鬼不许争，本人到时自开取，诚心敬献钥匙经。

光绪△年△月△日△人为△人敬献

钥匙经

东西南北十字街，四方铜锁实坚哉！金打钥匙投金锁，手拿双簧两下开。上开天门天门启，下开地狱地狱开。四面八方都开了，钥匙交给主人怀。主人公牢收拾柜，开锁还时主人来。

还愿文疏

都昌△乡△社△庄△甲俗人△人，为△人自得△疾，升空祈祷，亲口许到△神案前，多少宝物，以□默佑。讵意人有善愿，神即悦之，乃其幸焉。是以吉日良辰，敬备许物，以还前愿，伏异以往，永保无恙，感法无极，恭惟上鉴。

光绪△年△月△日　行疏

死后带愿文

立愿誓△人，因△人得疾，亲口许下口愿，今病未愈，将所许口愿被他身带去于他人，永无系累。

夺魂马子

荡荡游魂，到处留存。河边野外，庙宇山林。城隍土地，家主灶君，门神户爷，把门将军。引魂附体，重整精神。三日之内，酬谢重银。

吾奉太上老君急急如律令！

许愿文疏

大清国山东莱州府平度州△县△乡△社△庄，居住俗人△人，因△人有升空祈祷，愿许乌烛白羊□□于天地，自许之后，果获全愈，是固神灵默佑之福也。今于△月△日敬备所许之物，以还前愿。伏祈常蒙庇佑，永保无恙安康，多寿多福，载法无极矣。

今已三年，前愿还完。

嫁娶开锁文书

都昌△乡△社△庄△甲俗人△人，身一女/子△名，年若干岁，有阴锁一条，至今未开，并乘奠雁/于归吉期，叩禀△△锁符娘娘赐恩开释。自此以后，永保无恙，感法无极。

恭惟上鉴！

烧纸文疏

具文疏△人，因△名，出生时不正，祈锁一条，今逢吉日，享祀三代宗亲案下，神明开锁大吉，万神默佑，永保平安。

祈雨文

大清国山东莱州府昌邑县△乡△社△庄弟子△人等，因旱既□，五谷未植，以祈甘雨，以安民情，故跪而祝曰：大哉△△，帝君英灵，昭于今古，精诚可告于天地，速显灵威，大施仁法，油然作云，沛然下雨，甘霖本于下土，恩泽遍及于群生。五日以内，祈求为应，演戏三天，仰答神庥。将不徒五谷收以树艺，抑且万家永为顶戴矣。

△年△月△日　谨具

祈生男子文

大清国山东莱州府昌邑县△乡△社△庄弟子△人，因年逾几旬，未有子嗣，今娶妾氏，怀胎有月，敬奉良辰，谨具香烛之供献，叩恳△△老母驾前，沛施鸿恩，临盆之时，赐以一男，所以承先祖以启后。不惟生者合家感法，即没故亦在九泉会恩。迨周岁以后，长命百岁。

弟子斋成沐浴，亲列□山/□山/□山叩谢鸿恩。伏惟尚飨！

△年△月△日　文具

为除妖邪上城隍庙告阴状式

具呈△人，年若干岁，距城几十里，住△乡△社△庄，为妖物作祟，恳恩捕捉事。切身为△人，年过几旬，气血馁弱，即强支撑，犹不能料理家务，并因又为妖邪所惑，朝夕迷昏，饮食俱废，日复一日，形体难托。延医驱逐，愈伸其虐，昼夜呼号，血脉息忽有忽无，亲见此象，实怆于心。伏思魑魅魍魉，神圣已铸于鼎，土怪山妖，侠客且折其魄。窃意声灵赫濯，未有不崇正邪除者也。为此呈明迫叩，仁天恩准捕捉，俾妖物伏法，本人无恙，焚顶上呈！

城隍老爷施行。

（九）药方

主要有治心疼方、治心疼兼治气心疼方、治黄病神效方、治偏口疯方、治蜜蜂子蛰方、治蝎子蛰方等。

四、田野调查口述资料提供者简介

吕瑞孝，男，东永安村人，生于 1933 年。

从乐训，男，东永安村人，生于 1932 年。

吕佃义，男，东永安村人，生于 1926 年，已故。

吕兴起，男，东永安村人，生于 1926 年。

吕述增，男，东永安村人，生于 1929 年。

从兴江，男，东永安村人，生于 1931 年，已故。

吕言信，男，东永安村人，生于 1933 年。

吕世杰，男，东永安村人，生于 1934 年。

齐乃信，男，东永安村人，生于 1930 年，曾在 1951 年左右担任东永安村会计，1975 年在村委大队任职，主管编织副业。

齐忠诚，男，东永安村人，生于 1931 年。

齐乃瑞，男，东永安村人，生于 1936 年。

从兴孝，男，东永安村人，生于 1934 年。

吕瑞婷，女，东永安村人，生于1938年。

齐玉兰，女，东永安村人，生于1933年。

齐秀香，女，东永安村人，生于1945年。

张延芳，女，东永安村人，生于1930年。

刘延香，女，东永安村人，生于1930年。

齐秀兰，女，东永安村人，生于1945年。

张秀芬，女，东永安村人，生于1940年。

吕瑞福，男，东永安村人，生于1948年。

吕瑞钦，男，东永安村人，生于1945年。

吕瑞圣，男，东永安村人，生于1932年。

吕兴茂，男，东永安村人，生于1939年。

吕成英，男，东永安村人，生于1941年，曾于1975～1977年任东永安村村支部书记。

吕兴友，男，东永安村人，生于1955年。

吕世敬，男，东永安村人，生于1960年。

吕言忠，男，东永安村人，生于1945年。

吕世能，男，东永安村人，生于1952年。

吕昆明，男，东永安村人，生于1958年。

齐忠华，男，东永安村人，生于1951年，退休教师。

齐彭涛，男，东永安村人，生于1972年。

齐汉庆，男，东永安村人，生于1955年。

齐学斌，男，东永安村人，生于1963年。

齐安美，男，东永安村人，生于1934年。

齐安禄，男，东永安村人，生于1962年。

从延俊，男，东永安村人，生于1954年。

从延庆，男，东永安村人，生于1937年。

从正春，男，东永安村人，生于1933年。

齐占亮，男，东永安村人，生于1952年。

从乐涛，男，东永安村人，已故。

齐乃会，男，东永安村人，生于 1951 年，现任东永安村会计。

丛悦明，男，东永安村人，生于 1965 年，现任东永安村村委主任。

李秀文，男，渔洞埠村人，生于 1930 年，退休教师。

五、孙膑庙会活动记录表

说明：该表格为 2014 年与 2015 年孙膑庙会活动记录，是依据孙膑庙宇办公室的记事本整理而成。记事本主要由村民丛延俊负责记录。

（一）孙膑庙会活动记录表（2014 年腊月初一至正月十四）

2014 年孙膑庙会活动记录表

时间	地点	活动内容	参加人员
2014 年 1 月 1 日（腊月初一）	孙膑庙外	写对联、扎大牛	吕瑞福、丛兴友、丛孟华、吕世能、吕克祥、吕世圣、丛延庆、丛延俊、吕佃欣、丛孟杰、丛延明、吕世明、吕言忠、吕瑞孝
2014 年 1 月 2 日（腊月初二）	孙膑庙外	扎大牛	吕瑞福、丛兴友、丛延俊、吕世能、丛孟杰、丛延明、吕瑞孝、吕世明、吕克祥、吕世圣、吕佃欣、丛延庆、丛延明、吕言建
2014 年 1 月 3 日（腊月初三）	孙膑庙外	扎大牛	吕瑞福、丛兴友、吕瑞孝、丛延明、丛孟杰、吕延庆、吕克祥、吕世圣、吕殿欣、丛延庆、吕世明、丛延俊
2014 年 1 月 4 日（腊月初四）	孙膑崇拜传习所	扎大牛、剪牛毛	吕瑞福、丛兴友、吕瑞亮、丛延明、吕佃欣、丛延庆、丛孟杰、吕世能、吕世明、吕克祥、丛延俊、吕言建、吕世圣、齐翠英、吕瑞英、言忠妻、陈玉梅、瑞钦妻

续表

时间	地点	活动内容	参加人员
2014年1月5日（腊月初五）	孙膑崇拜传习所	扎大牛、剪牛毛	齐翠英、丛瑞英、瑞钦妻、齐美荣、言忠妻、陈玉梅、吕瑞福、丛兴友、吕瑞亮、丛延明、吕佃欣、丛延庆、吕言建、吕世能、吕世明、丛孟杰、丛延俊、吕克祥
2014年1月6日（腊月初六）	孙膑崇拜传习所	扎大牛、剪牛毛	吕瑞福、丛兴友、吕瑞孝、丛延明、吕世能、吕世圣、丛延庆、丛孟杰、丛延俊、吕言建、吕佃欣、吕克祥、齐翠英、丛瑞英、瑞钦妻、陈玉梅、吕瑞珍
2014年1月7日（腊月初七）	孙膑崇拜传习所	扎大牛、剪牛毛	吕瑞福、丛兴友、丛延明、吕瑞孝、丛延庆、丛正春、吕世能、丛孟杰、吕言顺、吕瑞建、丛延俊、吕同民母、吕言忠妻、吕世岐、吕言建、吕言君、延海妻、丛乐东、齐翠英、陈玉梅、丛兴美、齐美荣、吕瑞珍、吕佃欣、孙中福
2014年1月8日（腊月初八）	孙膑崇拜传习所	扎大牛、包布	吕瑞福、丛兴友、丛延明、吕瑞孝、吕世能、吕克祥、吕言建、吕佃欣、丛延庆、吕同民、丛延明、丛孟清、吕世岐、丛乐信、吕世明、丛延俊、丛孟洁、吕孝、丛乐东
2014年1月9日（腊月初九）	孙膑崇拜传习所	扎大牛	吕瑞福、丛兴友、丛延明、吕瑞孝、吕世能、吕克祥、吕言建、吕佃欣、丛延庆、吕同民、丛孟清、吕世岐、吕孝、丛乐东

续表

时间	地点	活动内容	参加人员
2014年1月10日（腊月初十）	孙膑崇拜传习所	扎大牛、清理庙院	吕瑞福、吕瑞孝、丛兴友、丛延明、吕世能、吕世聪、丛正春、丛乐庆、吕安、丛永建、丛延庆、丛孟清、吕佃欣、吕言忠、丛欣春、丛兴弼、丛延俊、吕瑞建、吕世聪、吕言杰、丛孟清、吕世明
2014年1月11日（腊月十一）	孙膑崇拜传习所	打扫卫生	吕言忠、吕世能、吕世明、吕世圣、吕言建、丛孟洁、丛孟清、丛正春、丛延明、丛孝、丛延俊
2014年1月12日（腊月十二）	孙膑崇拜传习所	打扫卫生	吕世圣、吕言建、丛孟洁、丛孟清、吕孝、吕世明、丛延俊、吕建美、丛正春、吕克祥、吕言忠、吕世宗、丛瑞美、吕志圣妻、吕志林母、吕言忠妻、
2014年1月13日（腊月十三）	孙膑崇拜传习所	打扫卫生	吕世能、吕世明、丛延明、丛孟清、吕佃欣、丛乐庆、吕言增、丛言建、丛延俊
2014年1月14日（腊月十四）	孙膑崇拜传习所	文艺活动	吕世宗、吕世效、吕世增、丛伟仁、吕言华、吕言祥、丛乐信、齐国杰、齐中顺
2014年1月17日（腊月十五）	孙膑崇拜传习所	修井、打扫卫生	吕世能、吕世明、丛孟杰、丛延庆、吕志胜、吕世胜、吕世聪、吕瑞福、吕瑞君、丛延忠、吕言建、丛延俊、吕建英、吕世岐、丛悦敖

续表

时间	地点	活动内容	参加人员
2014年1月18日（腊月十八）	孙膑崇拜传习所	修井、打扫卫生	吕世能、吕世圣、吕世明、吕志圣、丛孟玉、丛延庆、丛延俊、吕建英、吕言忠、丛言忠、吕世聪、丛孟杰、吕志信、吕瑞昌
2014年1月19日（腊月十九）	孙膑崇拜传习所	搞好文艺宣传	吕瑞福、吕世能、吕世明、吕伟平、丛延忠、吕言建、丛延俊、丛伟仁、吕世孝、吕胜利、吕志信、吕安宗、吕世增、丛延明
2014年1月26日（腊月二十六）	孙膑崇拜传习所	文艺活动	吕世岐、吕言君、吕金才、吕志仪、吕瑞福、吕言华、丛孟瑞、丛言忠、丛延明、吕言建、丛延俊、吕佃能子、吕世聪
2014年2月5日（正月初六）	孙膑崇拜传习所	扎大牛	吕瑞福、丛兴友、吕世岐、吕世能、吕言忠、吕瑞昌、吕言建、吕世聪、吕成安、丛孟杰、吕延庆、吕世明、吕大伟、丛悦敖、丛延俊、吕世能
2014年2月6日（正月初七）	孙膑崇拜传习所	扎大牛	吕瑞福、丛兴友、吕言忠、丛孟洁、丛延庆、丛延忠、吕世明、吕克祥、吕言祥、吕大伟、丛孟清、吕建英、吕世能、丛欣文、丛延俊
2014年2月9日（正月初十）	孙膑崇拜传习所	扎大牛	吕言忠、吕瑞昌、吕瑞孝、丛悦敖、吕瑞圣、吕世圣、丛乐信、吕世明、丛延庆、吕世武、丛延忠、丛延俊、丛孟杰、吕瑞福、吕世能、吕伟平、吕言祥、吕兴友、吕言君、吕安、丛延明、丛乐东、吕大伟、吕志全、丛孟瑞
2014年2月10日（正月初十一）	孙膑崇拜传习所	扎大牛、剪毛、糊毛	吕言忠、吕瑞福、吕世能、丛延庆、吕世聪、吕世岐、吕大伟、丛兴友、丛延俊、丛孟洁

续表

时间	地点	活动内容	参加人员
2014 年 2 月 11 日（正月初十二）	孙膑崇拜传习所	扎大牛、糊毛	吕言忠、吕世能、吕瑞昌、吕志友、吕世明、丛悦敖、吕瑞孝、丛乐东、丛延俊、丛延明、丛维仁、丛兴友、吕世岐、吕世圣、丛延忠、吕瑞福、吕志金、吕大伟、齐鲁华、吕瑞建、丛正春、吕瑞圣、丛孟清、丛孟杰
2014 年 2 月 12 日（正月初十三）	孙膑崇拜传习所	无	丛延庆、吕言忠、吕世能、吕瑞孝、丛悦敖、丛乐训、吕瑞福、丛兴友、丛延明、丛延忠、吕君、吕世聪、吕瑞昌、吕克祥、丛延俊、吕世岐、丛正春
2014 年 2 月 13 日（正月初十四）	孙膑崇拜传习所	孙膑庙会	吕言忠、丛延忠、吕瑞昌、丛延明、吕君、吕圣、丛永彬、吕世能、丛延庆、吕大伟、丛兴友、吕瑞福、吕言彬、吕春英、丛悦敖、吕瑞孝、丛乐训、吕述旺、吕世岐、吕世聪、丛欣文、丛欣武、吕圣伟、吕圣君、吕昆良、吕世清、吕言增、丛延俊、吕世明、吕瑞建、吕安、丛沈阳

（二）孙膑庙会活动组织表（2015 年正月初五至十四）

2015 年孙膑庙会活动组织表（正月初五至正月十四）

时间	地点	活动内容	参加人员
2015 年 2 月 23 日（正月初五）	孙膑庙	扎大牛、文艺彩排、宣传	吕昆明、吕世能、吕言忠、吕克祥、吕瑞福、丛兴友、丛悦敖、吕建伟、丛兴朝、丛延庆、丛延忠、吕群英、丛杭明、吕金城、吕建美、丛悦红、吕志强、丛延明、吕言祥、吕世武、吕瑞胜

续表

时间	地点	活动内容	参加人员
2015年2月24日（正月初六）	西庙	筹备	吕瑞福、吕世能、吕昆明、吕新代、吕言建、吕克祥、吕瑞美、吕言忠妻、吕言忠
2015年2月25日（正月初七）	西庙	扎牛鞍、宣传队、扎牛花	吕言忠、吕世能、吕昆明、吕瑞福、丛兴友、丛杭明、吕瑞孝、吕世武、吕克祥、吕世起、吕世聪、吕建军、吕同安、吕正春、吕三华、丛延庆、吕佃欣、丛延明、吕言诚、丛孟敬、吕孝、吕伟平、丛新代、吕群英、丛乐东、吕志胜、齐云霞、齐云轻、刘美荣、吕丽丽、吕言忠、吕世起妻、吕军发妻、吕龙云妻、吕瑞孝妻、丛悦敖妻、齐翠英、齐美荣、刘乃珍、丛延德妻、丛传奎
2015年2月26日（正月初八）	西庙	扎牛、胡牛毛、剪大花、小花等	吕成美、吕言忠、吕世能、吕昆明、吕克祥、丛延明、丛兴友、丛延庆、吕佃欣、丛杭明、吕瑞福、吕瑞孝、丛乐恒、吕东美、丛延忠、丛乐东，胡牛毛、剪花妇女30余人
2015年2月27日（正月初九）	西庙、家户	文艺宣传、糊牛毛、剪花	吕言忠、吕世能、吕昆明、吕克祥、吕瑞福、丛延庆、丛延明、吕瑞孝、丛兴友、丛乐东、丛新代、丛孟兆、吕佃欣、丛乐信、丛传伟、齐殿参、丛乐恒、吕伟平、吕孝、丛振友、丛正春； 另吕述旺家(25人)、吕同安母家(12人)、吕言忠家(10人)、丛悦敖家(16人)

续表

时间	地点	活动内容	参加人员
2015年2月28日（正月初十）	西庙	扎牛、剪花等	吕言忠、吕世能、吕昆明、吕克祥、吕世清、吕世起、丛延庆、吕瑞福、吕瑞孝、丛兴友、吕佃欣、吕言诚、丛新代、吕言平、丛乐东、吕述旺；另吕述旺家（10人）、吕同民母家（10人）、吕言忠家（12人）、丛悦敖家（12人）
2015年3月1日（正月初十一）	西庙	糊牛毛、剪花、剪牛毛等	吕言忠、吕世能、吕昆明、吕世清、吕瑞福、丛乐东、丛延庆、吕克祥、吕瑞孝、丛延明、吕志友、丛兴友、丛新代、吕孝、丛正春、吕述旺、吕世起、丛延忠；另建旺家剪花、吕言彬家剪花、吕言忠家剪花
2015年3月2日（正月初十二）	西庙	扎牛角、扎花等	吕言忠、吕世能、吕昆明、吕克祥、吕瑞福、丛兴友、吕瑞孝、丛延明、吕世起、吕佃欣、丛正春、丛新代、吕世清、吕同民、丛传奎
2015年3月3日（正月初十三）	西庙孙膑	锣鼓队、文艺队、糊牛花等	吕言忠、吕瑞福、丛兴友、吕世能、吕昆明、吕克祥、丛延庆、吕佃欣、丛孟兆、齐殿参、丛维仁、吕城美、吕东美、丛乐恒、吕瑞圣、吕瑞孝、丛传友、丛乐信、丛新朝、丛新代、吕林国
2015年3月4日（正月初十四）	西庙孙膑	庙会、接待	吕成英、吕言忠、丛延忠、吕瑞福、吕瑞昌、丛延明、吕君、吕圣、吕世能、丛延庆、丛兴友、丛悦敖、吕瑞孝、吕述旺、丛乐恒、吕瑞圣、吕瑞孝、丛传友、丛乐信、丛新朝、丛新代、吕林国、吕世岐、吕世聪、丛欣文、丛欣武、丛延俊

后记

我来自乡土，又以研究乡土为己任。屈指算来，我陆陆续续到东永安村调查，已有七年之久。但乡土于我，谜团似乎越来越多。

东永安村，是潍北平原上一个并不起眼的村落。潍北湖区的优美风光，高高低低的黄土埠子，已成久远记忆。时过境迁，沧海桑田，高埠多被削平，湖洼渐被填塞，规划整齐的村落格局已成为一道不变的风景。惯与土地打交道的村民，如今大多已走出乡村，在现代大潮的裹挟下到形形色色的城市中实现梦想，不变的是永远的辛劳。村民依然顺循四季节律，最突出的莫过于正月里的一道道“耍景”。“烧大牛”“烧大马”两大烧祭仪式次第上演，构成了当地村落社区最神圣的传统。特别是那高约 7 米、长达 13 米的纸扎金黄大牛，摇摇摆摆地巡游于村境，最后在锣鼓喧天中，被一把冲天大火烧成灰烬。村民以手扶额，仰望苍天，新的一年风调雨顺天下太平有望了！

我曾经诧异于这样盛大仪式的举办，辛辛苦苦费时一月、耗资若干而扎制的大牛、大马，为什么最终被付之一炬，而不存放陈列，以供长期观瞻？随着一次又一次的调查，我逐渐意识到，这其中寓含着村民的一整套宇宙观念。在春节这一最长的农闲时段，村民借助仪式的组织运作、巡游路线以及消灾祛恶的功能预设与文化解释，彰显出村内不同家族之间、周边村落之间、乡土与城市之间的多重边界，营造出家族、村落的不同个性。这种依托庙宇及圣物焚烧仪式而进行的边界区隔，在这一带乡土社会中约定成俗，内中寄寓着某种传统智慧。其关键是，借助年度节庆烧祭仪式的定期上演，搭建地方社区的公共生活平台，强化“有底限的竞争”的民间伦理规则，形成一种以家族边界为基础、以家族和村落关系调谐为指向的乡土公共性传统，从

而体现出民众主动调谐社会关系、安顿社区生活的传统智慧。看似平凡的村落，由此展现出不平凡的一面。

再回看这个普通得不能再普通的平原村，其实潜藏着中国传统文化之深厚根脉。原来，就在村民的衣食住行、婚丧嫁娶、赶集赶会等寻常生活中，在四时八节大大小小的仪式活动中，已然与千百年来地方历史乃至国家大一统进程盘根错节，凝结着民众和谐相处、品味生活的乡土智慧，乡土社会结构及其文化意义由此得以表达。我的田野之旅，辛苦但充满愉快。

最应该感谢的是善良的东永安村人。长达七年的田野调查，我访谈过的村民有数百人次，村民丛乐训、吕瑞孝、齐忠华、吕述增、吕成英、吕世敬、吕言忠、吕昆明、吕瑞婷、吕瑞钦、吕世能、吕世海、丛延俊、丛兴江、丛悦明、齐乃信、齐乃瑞、齐忠诚、齐汉庆、齐彭涛等，都曾多次接受我的访谈，提供了宝贵的口述资料，对我帮助甚大。特别是见多识广、博闻强记的丛乐训大爷，一次次向我讲述村落的历史与民俗，还每每留我在家吃饭。他的老伴吕瑞婷大娘也已年过八旬，不辞辛劳亲自下厨，还每每跟我开玩笑，怕我有丝毫的局促困窘。齐忠华大爷为了便利我的研究，特意绘制了村落规划前后的地理空间示意图……让我难忘的事还有许许多多。在此，谨向东永安村村民表示我的崇高敬意，感谢你们！

还要提及的是，昌邑市非遗保护中心的王爱海主任、李云龙先生等为我提供了许多帮助；寒亭区政协文史委张宝辉主任，对于潍北社会的熟悉与理解让人钦佩，为我出了不少主意；以乡土画风见长的著名画家刘铁飞老师，曾无数次开车载我下田野，为我的调查提供了便利。他们对我是那样的无私、善良而诚恳，请允许我在此一并致谢！

我知道，乡野砌刻着人类文明的起点，永远是人们难离的家园。村落，是我梦想的起点，也是我心灵永远的归宿。谨以这本薄薄的小书，表达我对东永安村厚重历史与淳朴民俗的敬慕。我深知，村落的广阔与神秘，特别是村民的生活智慧，是注定难以全部表达的。匆遽成书，敬请读者多加批评，促我进步。

行走在青葱田野，听父老悠悠诉说，我愿在乡土之路上走得更久更远。

李海云

2017年9月

图书在版编目(CIP)数据

东永安村/李海云著.—济南:山东大学出版社,2017.12

(山东村落田野研究丛书/张士闪,李松总主编)

ISBN 978-7-5607-5908-1

Ⅰ.①东… Ⅱ.①李… Ⅲ.①村史—昌邑 Ⅳ.①K295.25

中国版本图书馆 CIP 数据核字(2017)第 328720 号

责任策划:傅 侃
责任编辑:张 瑞
装帧设计:牛 钧

出版发行:山东大学出版社
社 址 山东省济南市山大南路 20 号
邮 编 250100
电 话 市场部(0531)88363008
经 销:山东省新华书店
印 刷:山东华鑫天成印刷有限公司
规 格:720 毫米×1000 毫米 1/16
12.5 印张 201 千字
版 次:2017 年 12 月第 1 版
印 次:2017 年 12 月第 1 次印刷
定 价:42.00 元